BAKOU,
DERNIERS JOURS

Fiction & Cie

Olivier Rolin

BAKOU, DERNIERS JOURS

récit

Seuil

*27, rue Jacob, Paris VIe*

COLLECTION

« Fiction & Cie »

fondée par Denis Roche

dirigée par Bernard Comment

Pour écrire ce livre,
Olivier Rolin a bénéficié en 2009
d'une aide du ministère des Affaires étrangères
dans le cadre d'une mission Stendhal.

ISBN 978-2-02-100017-7

www.fictionetcie.com
www.editionduseuil.fr

« All goes onward and outward, nothing collapses,
And to die is different from what any one supposed
and luckier. »

Walt Whitman, « Song of myself », *Leaves of Grass*

Harmonie du soir

Chaque soir, à l'heure où les hirondelles tourbillonnent dans le ciel mauve, un homme aux cheveux gris franchit la porte d'un petit hôtel de la rue Mirza Mansûr, tourne à droite dans Harb, puis à gauche dans Sabir, que surplombent de beaux balcons de bois parfois entortillés d'une vigne, pavoisés de linge. Tombé d'un minaret proche du palais des Shirvanshahs, l'appel d'un muezzin suspend dans l'air de frêles festons sonores – si discret, presque plaintif, qu'il en devient émouvant. Le Dieu qu'invoque cette voix de violoncelle n'a pas l'air terrible, on l'inviterait bien au restau, justement on dîne seul ce soir – comme tant d'autres soirs. Les feuilles des figuiers plaquent des mains vertes, tremblantes, sur le ciel. Autour de Kiçik Qala on décroche des murs les tapis aux couleurs et aux rythmes de vitrail. Le promeneur passe à présent la double porte percée dans la muraille d'Isheri Sheher, la Vieille Ville (ou plutôt, pour traduire exactement, la Ville intérieure). Les tours grêles

ressemblent à des pièces d'échecs ou à des moulins à poivre (Alexandre Dumas, en 1858, remarquait que les fortifications de Bakou étaient faites pour contenir des attaques à l'arme blanche, pas pour résister à de l'artillerie). Il hésite un moment avant de franchir le flot de grosses cylindrées – luxueuses allemandes, énormes 4 × 4, monumentales bagnoles d'un noir lustré, dont les conducteurs jouent nerveusement de l'embrayage au pied des murailles. Bousculade de corbillards turbocompressés pilotés par des croque-morts moustachus à lunettes Ray-Ban.

C'est sans doute ici, devant la double porte d'Isheri Sheher, que fut traîtreusement assassiné, en 1806, le général-comte Tsitsianov, commandant les forces russes du Caucase, qui assiégeait la ville. Traîtreusement peut-être, mais il ne l'avait pas volé, tant sont avérés sa férocité et son mépris des peuples asiatiques. Le khan de Bakou envoya paraît-il sa tête, enveloppée dans un sac de sel, au shah de Perse. C'est sans doute ici, quelque part au milieu des voitures qui dévalent

Istiqlaliyat, qu'advint cette légitime fourberie, au cours d'une entrevue. Pavillons de tapis pourpre et noir, chevaux, sabres, turbans et bicornes, murailles crénelées – et la mort. À coups de coutelas, de pistolet ? Les versions diffèrent. Enfin, il ne l'avait pas volé. Sans doute ici, mais pas sûrement : comme toutes les villes qui ont connu plusieurs dominations, Bakou ne cesse d'effacer les traces de son histoire. Difficile de retrouver un lieu que n'a pas validé la dernière en date des mémoires officielles. Le monument que les Russes, une fois la ville prise, élevèrent à leur « martyr » fut détruit comme tsariste par les bolcheviks, comme le seront à leur tour les symboles révolutionnaires, la langue et l'alphabet communs aux tsaristes et aux communistes ont été proscrits, l'onomastique a changé plusieurs fois. La ville moderne traduit et trahit les villes anciennes. Cette histoire de tête coupée en rappelle d'autres, qu'il connaît un peu, au promeneur solitaire : celle de Gordon présentée au Mahdi, à Khartoum, celle du Mahdi envoyée par Kitchener à la reine Victoria. L'Histoire est une frise de têtes coupées, songe-t-il vaguement. Ce sont des réflexions qu'on se fait quand on marche – comme sans y penser, ou plutôt au gré de ce soliloque intérieur que se tiennent les marcheurs, et qui est à la pensée ce que le grommellement est à la parole éloquente.

Poursuivant son chemin, il laisse maintenant sur sa gauche un petit palais de sucre blanc que gardent, sous des arcs persans fardés de mosaïques bleues, des statues de messieurs à moustaches qui sont des écrivains d'autrefois. Il faudra, se dit-il, que j'aille un jour visiter ce musée de la littérature (il n'ira jamais, bien sûr). Dans la rue piétonne Rasulzadeh, il caresse, oh, du regard, de petits culs dodelinant, de longs cheveux sombres balayant de brunes épaules. Si tous les pays d'islam étaient comme celui-ci, pense-t-il, où les filles vont en cheveux et court vêtues, où l'on sert du vin et de la vodka dans la moindre gargote, je serais prêt à me faire musulman. Enfin, ce n'est pas à l'ordre du jour. Il tourne à gauche dans Abdulkarim Elizadeh, dont les trottoirs empierrés de noir et de blanc lui rappellent Lisbonne. À droite, un bel immeuble de style hanséatique, témoin de l'époque où Bakou était la capitale mondiale, et cosmopolite, du pétrole, porte sur un pignon, aux trois quarts effacée, une publicité peinte qui doit dater d'avant la Révolution. Souvenir très lointain du temps de son enfance, où Paris était une ville peinte. Noire, et peinte. Comme elle apparaît sur les tableaux impressionnistes, ou sur les photos d'Atget, ou bien encore de Marville.

À en juger par les « réclames » blasonnant les murs aveugles, il semble qu'à l'époque où la jeune photographie entreprenait de fixer l'image d'une ville que ne cessaient de bouleverser les grands travaux du baron Haussmann, des sièges et des guerres civiles, la passion dominante, l'obsession, même, des Parisiens était le pinard. « Vins, gros, détail », « Vins & liqueurs », « Commerce de vins », « Vins fins », « Magasin de vins », « Estaminet vins fruits & liqueurs », « Maison de vins », « Commerce de vins et bouillon », les quatre lettres vineuses estampillent les murs noirs du Paris d'alors comme le *SPQR* latin ceux de Rome. Paris, ses pavés, ses pâles persiennes écarquillées sur le goudron des murs, ses toits de zinc, son air d'attendre la prochaine émeute, Paris était alors la capitale mondiale du picrate, ce « vin bleu » qui tache la coque du bateau ivre, qui entonne avec Baudelaire « un chant plein de lumière et de fraternité », et que désignait une foule de noms disparus, aussi râpeux que la chose dite. Le Paris de son enfance, se souvient le promeneur, était resté une ville noire, une ville de pavés, de persiennes de bois à la peinture écaillée et de toits de zinc, et d'émeutes à venir. Sur les murs aveugles d'alors, c'étaient surtout des pubs pour des apéros. Dubo Dubon Dubonnet. Qui boit Vabé va bien. Byrrh. Suze. Clacquesin. Ce nom-là paraît improbable, et pourtant il est sûr que ça a existé – peut-être même cela existe-t-il toujours ? Garçon, un Clacquesin ! Il voit bien un personnage de Queneau commander ça. Lehameau, par exemple, dans un rade du Havre.

Ce n'est pas au Clacquesin en tout cas que se noircissent les Écossais qui dansent un peu plus loin, au Finnegan's, mais au bon vieux whisky et à la bière. Travailleurs des plates-formes pétrolières en mer

Caspienne, en perm à terre tous les quinze jours. Ça chauffe, comme après un match des Glasgow Rangers. Il glisse un œil par les fenêtres, un peu tenté d'aller s'en jeter un avec les pochards en kilt, mais non. Pas de risques inutiles. De l'autre côté, à l'angle de Zeynalabdin Taghiyev, il passe devant l'Inter Grand Türk Restorani, parfaitement vide dans une lumière blafarde de morgue. Il a déjà donné. Comme il ne déteste pas les restaurants sinistres, particulièrement dans les villes où il se sent étranger, à quoi ils ajoutent une touche de perfection désolée, il y est allé dîner un soir. Brochettes légèrement faisandées, trop cuites, vin violet papier de verre. Seul client, à une table couverte d'une plaque de plexi un peu poisseux. La télé transmettait un match de foot plutôt animé entre une équipe en bleu et une autre en rouge. Devant lui, dans un aquarium, deux monstres jaunâtres, au crâne fuyant, aux lèvres et aux yeux proéminents, se cherchaient des crosses – aussi bien, c'était peut-être de l'amour. Un autre difforme, hébété, frangé de membranes, baladait sa lippe en ventouse sur les parois de verre sale. Dans l'aquarium de la télé, un joueur faisait les gestes et les mimiques stéréotypés de celui qui se prend un carton : grands mouvements de bras véhéments, mains portées à la poitrine (moi ?), puis écartées, incrédules, doigts ouverts, puis ballantes, accablées par tant d'injustice, yeux écarquillés puis levés au ciel. Ç'avait été une bonne soirée, conforme à ses attentes. Tout de même, ne pas en abuser.

Le voici maintenant parvenu au petit restau où il dîne presque chaque soir, le Mangal. Il y connaît, en azéri et en russe, les noms de tous les plats, de toute façon il prend toujours les mêmes. Il occupe aussi toujours la même table (il n'y a pas foule). Le voyageur loin de chez lui est comme un dé qu'on a lancé, pendant un bref moment il tourne sur lui-même, hésite, vacille, puis il trouve un équilibre, et n'en bouge plus. Des habitudes sont prises, d'autant plus nécessaires que presque tout, alentour, est inconnu. Il aime mettre à l'essai son russe extrêmement rudimentaire, mais le personnel connaît un peu d'anglais, et ainsi on répond *Welcome* à son *Sdrasdvouitié*[1], et sa commande d'une brochette de poulet, *kouritsa*, est confirmée par un *chicken shashlik*. Cela le déçoit un peu, mais il comprend que si pour lui le russe est une langue luxueuse, parce que difficile et rare, pour ses hôtes c'est juste celle de l'ancien occupant, et qu'eux tirent fierté de baragouiner l'anglais. Pour lui, demander un *bakal vina*, un verre de vin, manifeste qu'il n'est pas n'importe quel pied-plat international, un quelconque cadre d'une compagnie pétrolière, mais eux s'enorgueillissent de montrer qu'ils ne sont pas des ploucs caucasiens, qu'ils sont déjà mondialisés. *Chicken shashlik*, donc, *and a glass of wine, please*, *krasnii i*

1. J'utilise dans ce livre une transcription phonétique personnelle qui me paraît reproduire à peu près les sonorités du russe, à la différence de celles généralement employées.

soukhoï, pardon, *red and dry*. Tout en mastiquant cette fameuse brochette de poulet, il pense (vaguement, distraitement, comme toujours) à ce paradoxe qui fait que ceux qui se trouvent au cœur du monde aspirent à s'en distinguer, tandis que ceux qui en sont éloignés ne rêvent que de s'y intégrer.

Plus tard, il fait nuit, il marche le long de la mer, sur la promenade considérablement large, et agréable en proportion, qu'on appelle le *boulvar*. La mer, d'ailleurs… c'est vite dit. La Caspienne est-elle une mer, ou un lac ? On en discute. Les deux se soutiennent. Au goût, c'est une mer : salée, mais la mer Morte l'est aussi, et même bien plus, et personne ne prétend, en dépit de son nom, qu'il s'agit d'une vraie mer. À l'œil, c'est pareil : à Bakou, le soleil se lève sur la ligne abstraite de l'horizon (hachurée cependant par le labyrinthe de ferraille des anciennes plates-formes pétrolières soviétiques). Une étendue d'eau salée dont on ne voit pas l'autre rive, ça a tout l'air d'être une mer. Mais on ne décide pas sur de simples impressions, visuelles ou gustatives, du statut de 370 000 km^2 d'eau (*the largest body of water enclosed on Earth*, selon Wikipedia). On sent bien que ça exige du concept. Et là, pas de discussion : pour être une mer, il faut communiquer avec toutes les autres (comme pour être un mot). La Caspienne, prisonnière des terres depuis cinq millions d'années, ne serait donc que le plus grand lac du monde ? Alexandre Dumas, dans le récit de son *Voyage au Caucase*, semble tenir pour acquis qu'une « soupape souterraine », un clapet en somme, la « met en communication avec la mer Noire et le golfe Persique » : la Caspienne serait ainsi une sorte de prodigieuse baignoire, mais ce clapet et les siphons et tuyauteries souterraines qui s'ensuivent en feraient aussi une mer (on imagine les aventures palpitantes que Jules Verne ou Albert Robida auraient pu écrire, de la Caspienne à la mer Noire par les entrailles de la Terre, avec sous-marins de poche mus par des bobines de Ruhmkorff et scaphandres en gutta-percha). Dumas fait cette hypothèse farfelue parce qu'il s'étonne, comme beaucoup d'autres avant et après lui, des variations du niveau de l'eau : à son époque, elle montait (il semble qu'elle monte toujours, bien que les opinions à cet égard varient). Il imagine donc que le clapet est bouché. Il évoque cet « étrange problème à résoudre » un jour qu'on l'emmène voir le château immergé de Sabayil (qu'il appelle un « caravansérail »), dont le sommet des tours dépasse d'un pied la surface. Il jette dans l'une d'elles une « fusée à la Congreve » qui effraie fort les poissons.

Aujourd'hui on ne voit plus rien du château, mais on sait qu'il est là, sous les eaux du port. Sur certaines cartes il figure, sur d'autres non. On en a remonté quelques vestiges, des linteaux de pierre gravée qui proclament que Dieu est grand, une face sculptée qui ressemble à une figure de chapiteau roman. Cette forteresse noyée intrigue. Souvenirs de la ville d'Ys, bien sûr, et de la Kitej russe, ou de cette Dunwich dont W. G. Sebald parle dans *Les Anneaux de Saturne*, qui depuis le Moyen Âge a glissé à la mer (longtemps ont subsisté, nous dit-il, dressés comme des colonnes ou des cheminées, les conduits maçonnés des puits, abandonnés par le sol où ils avaient été forés : vision qui évoque, dans *Les Villes invisibles* de Calvino, la ville d'Armille, dont tout a disparu hormis les canalisations qui escaladent l'espace vide, portant dans le ciel robinets et pommes de douche dont la pluie fait briller le corps de sveltes jeunes femmes nues). Curieusement, Sebald dit de la région de Dunwich qu'elle est « si vide et si désolée que quelqu'un qu'on déposerait là sans lui fournir la moindre indication ne saurait dire avec certitude s'il se trouve sur la côte de la mer du Nord ou au bord de la mer Caspienne ». Autour du château englouti c'est toute une littérature et une mythologie subaquatiques qui remontent à la surface de la mémoire, *Vingt mille lieues sous les mers* et *Le Secret de la licorne*, l'Atlantide de Platon et *Le Monde perdu sous la mer* de Conan Doyle, et même un poème de Maeterlinck, *Cloche à plongeur* (Maeterlinck ! qui lit encore Maeterlinck ?) : « L'ombre des grands voiliers passe sur les dahlias des forêts sous-marines ; et je suis un moment à l'ombre des baleines qui s'en vont vers le pôle. » Ici, aucune ombre ne passe sur les tours englouties, même en plein midi. Au Musée historique, un vieil homme extraordinairement maigre et ridé, et boiteux, qui s'occupe d'archéologie sous-marine, lui a dit avec tristesse que dans l'eau trop pleine de pétrole, on ne distinguait plus rien. Les tours qu'il se souvenait avoir vues émerger, dans sa jeunesse, sont désormais enveloppées d'un linceul d'encre. Des milliers de bulles, sous le parapet du *boulvar*, crèvent continûment l'eau lisse, laquée, striée de larges traînées chocolat. Y jeter une allumette ? La grande distraction, à l'époque où Dumas visitait Bakou, était d'allumer la mer saturée de gaz. On jette de l'étoupe enflammée, raconte-t-il, et « la mer prend feu comme un vaste bol de punch ». « Nous naviguions littéralement au milieu des flammes », qui heureusement « étaient subtiles comme celles de l'esprit-de-vin, et à peine en sentions-nous la douce chaleur ». « Notre barque, ajoute-t-il, avait l'air de celle de Charon traversant le fleuve des Enfers. » Ni mer ni lac, la Caspienne serait-elle le funèbre Achéron ?

Des manèges tournent sous les arbres du *boulvar*, des couples sont attablés aux guinguettes, des militaires déambulent, en uniforme vert épinard, coiffés de considérables casquettes galonnées d'or. Des petits dragueurs tentent leur chance, maladroitement, auprès de filles en jean et talons hauts qui se tiennent par la main, ils se font rembarrer. Leurs copains les suivent, ricanants, admiratifs au fond. Allure affranchie, mains passées dans les poches fessières. La bande va se défouler sur un punching-ball électronique. Un rat bien dodu fouille dans les poubelles des guinguettes. La nuit est douce. À la hauteur d'un petit palais blanc qui fut, au début de l'autre siècle, le cinéma Phénomène, un passage souterrain évite au piéton l'effroi de traverser le flot automobile de Neftchiler Prospekt, le cours des Pétroliers. L'entrée du passage est ornée d'une pensée du président Ilham Aliyev, l'actuel, fils du précédent, Hayder Aliyev. Hayder n'était pas seulement le père d'Ilham, il était surtout le Père de la Nation. Partout dans la ville, ses portraits géants interpellent le passant : l'encouragent, l'exhortent, l'enseignent, l'admonestent. Gueule de *pater familias*, de père sévère, de père absolu, de petit père des peuples. Le fils s'exhibe moins (il faut dire qu'il a une tête assez comique de poulet à moustache), mais il n'est pas avare de ses pensées. « *AZƏRBAYCANIN UĞURLU INKIŞAFI ARTIQ REALLIQDIR* », ainsi s'énonce celle qui préside au passage souterrain. Le piéton qui s'y engage ne sait pas ce que ça veut dire, mais il est sûr qu'il s'agit d'une bonne pensée, très recommandable.

Et puis de nouveau la rue Rasulzadeh où le joueur de tar le salue au passage parce qu'il lui a donné un billet de cinq manats, un autre soir, les statues des écrivains montant la garde autour de leur palais en sucre filé, la porte d'Isheri Sheher flanquée de ses tours d'échiquier, la danse des vieux caractères persans gravés dans la pierre. Sur Kiçik Qala il croise deux types en uniforme d'intégristes, calotte sur le crâne, barbe en éventail et pantalon trop court, une rencontre pas fréquente ici (Dieu soit loué). Des chats maraudent par les ruelles tortueuses, tranchées d'ombre et de clair de lune. Rue Mirza Mansûr il sonne à la porte du petit hôtel, et bientôt le voici sur sa terrasse, sirotant un whisky douze ans d'âge, cadeau du secrétaire adjoint de l'Union des écrivains (il lui a semblé comprendre que c'était sa fonction, mais il n'en est pas sûr, étant donné l'indigence du sabir anglo-russe qu'ils avaient en partage ; enfin, c'était un type qui possédait une grosse voiture et semblait lui vouloir du bien). Des lueurs serpentent sur l'eau noire, mais ce ne sont pas les flammes d'or qu'a traversées Dumas, seulement les reflets de la lune. Au fond de la baie on voit se profiler sur l'horizon la silhouette basse de l'île de Nargin, qui fut une île-prison du temps du Guépéou. La tour de la télévision, moderne minaret versicolore planté au-dessus du

cimetière des Martyrs, passe par les mauves, les indigos, les verts, les rouges les plus délirants.

Cet homme à cheveux gris dont l'itinéraire, chaque soir, est presque aussi invariable que celui d'Emmanuel Kant à Königsberg (la comparaison s'arrête là), c'est moi.

L'hôtel Apchéron

À l'automne 2003, envoyé par France Culture en Afghanistan, j'étais allé visiter, dans la vallée du Panshir, la tombe du commandant Massoud, que j'avais interviewé huit ans auparavant (c'était en janvier 1995, il faisait très froid, une Toyota remplie de types lourdement outillés m'avait mené de bon matin jusqu'à un ancien club de golf au bord d'un torrent – qu'il ait pu y avoir, un jour, des joueurs de golf à Kaboul paraissait comique –, je me souviens y avoir pris un petit déjeuner de poissons quelque peu pourris et avoir été impressionné, comme tous ceux, je crois, qui l'ont rencontré, par mon interlocuteur). Huit ans plus tard, j'avais patrouillé avec des militaires français du premier régiment de tirailleurs, à bord de petites AML Panhard, dans la plaine de Shamali. Je m'étais efforcé à plusieurs reprises de rendre à la bibliothèque de l'université de Kaboul un livre que j'y avais emprunté en 1995, sauvé plutôt du feu et de la neige qui tombait par le toit crevé, alors que le campus se trouvait sur la ligne de front séparant les troupes de Massoud de celles de l'islamiste pachtoun Hekmatyar. Je m'étais promis de restituer ce

Journal de Samuel Pepys le jour, si jamais il advenait, où il y aurait de nouveau une université et des étudiants à Kaboul. Cependant, mes scrupuleuses tentatives ne rencontrant aucun écho (la symbolique de mon action échappait manifestement aux autorités universitaires), j'avais en fin de compte décidé de remettre dans mon sac les deux petits tomes roses publiés par l'Everyman's Library (les fiches de prêt attestaient d'ailleurs qu'ils n'avaient jamais été empruntés). Ils se trouvent toujours dans ma bibliothèque, où ils bénéficient désormais d'un titre de séjour permanent, entre Viktor Pelevine et Georges Perec. Puis j'étais allé rendre visite à un ami qui vivait avec une pianiste tadjike à Douchanbé et j'y avais découvert *L'Usage du monde* que, curieusement, j'avais jusqu'alors négligé de lire.

Ces activités plus ou moins fantomatiques n'étaient, on s'en doute, qu'une couverture pour la mission – ultrasecrète ! – que m'avait confiée France Culture. Lorsque je l'eus menée à bien, je pris le chemin du retour. Un changement d'avion fut l'occasion d'une escale un peu prolongée à Bakou. La personne qui devait m'attendre m'ayant posé un lapin, j'avais dû accepter, lorsque je m'étais retrouvé seul dans l'aéroport qui fermait pour la nuit, les services d'un type en uniforme de milicien. Il conduisait à toute vitesse, par de larges avenues obscures, une Jigouli au pare-brise fêlé, tout en m'assommant de questions sur la France en général et Michel Platini plus particulièrement. Il m'avait largué devant un grand hôtel de style soviétique qui portait le nom de la presqu'île sur laquelle est bâtie la ville de Bakou : Apchéron.

Il se trouve qu'à l'époque j'écrivais un livre composé d'une quarantaine d'histoires plus ou moins loufoques ou extravagantes se déroulant toutes dans des chambres d'hôtel à travers le monde, maniaquement décrites. Le nom de l'hôtel, si proche de celui du fleuve des morts grec, me suggéra l'idée de mettre en scène, dans ma chambre de l'Apchéron, mon propre suicide, en tout cas celui d'un personnage qui porte mon nom, et est l'auteur des histoires que recueille *Suite à l'hôtel*

© HANNAH/Opale

OLIVIER ROLIN (Boulogne-Billancourt, 1947 -Bakou, 2009) est (entre autres...) l'auteur de récits de voyage et de romans publiés aux Éditions du Seuil, dont *L'Invention du monde*, *Port-Soudan* et *Tigre en papier*.

Crystal. L'idée de me suicider, même à Bakou, n'a rien de spécialement loufoque ni extravagant, mais ce qui l'était un peu, c'est que la notice biographique sur la couverture du livre, paru en 2004, mentionnait mes lieux et dates de naissance et de mort : « Boulogne-Billancourt, 1947 – Bakou, 2009 ». Plus tard, dans un livre collectif (*Rooms*) que la générosité dicta à une vingtaine d'amis écrivains, Mathias Énard raconta comment il était venu, aidé par deux personnages de *Suite à l'hôtel Crystal*, récupérer mon corps afin de l'immerger dans la mer Caspienne. Depuis 2004, j'étais donc mort en 2009 à Bakou, dans la chambre 1123 de l'hôtel Apchéron, d'une balle de pistolet Makarov 9 mm.

À mesure que se rapprochait cette fatidique année 2009, les recommandations des amis se faisaient plus pressantes : surtout, si tu es invité à Bakou en 2009, n'y va pas ! Pourquoi diable aurais-je été invité là-bas ? La multiplication de ces affectueuses mises en garde fit évidemment naître en moi l'idée que je devais à tout prix me rendre à Bakou en 2009, et y demeurer assez longtemps pour laisser à la fiction de ma mort sur les bords de la Caspienne (« Je regarderai une dernière fois la ville sous des haillons de nuages mauves, la pince scintillante de la péninsule d'Apchéron, la Caspienne sous la lune… ») une chance raisonnable de se réaliser. C'est ainsi que le 28 avril 2009 au matin, un chauffeur de taxi portugais aimable et volubile me conduisit à Roissy. Comme on venait, trois jours auparavant, de célébrer le trente-cinquième anniversaire de la révolution des Œillets, je l'entretins un peu de ma conviction que c'était, tout compte fait, la seule révolution incontestablement bénéfique du vingtième siècle. Il ne semblait pas convaincu, la considération des difficultés du présent le portant, comme c'est fréquent, à oublier les malheurs du passé : je n'insistai pas. Fumées du grand incinérateur d'Ivry, indications routières blanc sur bleu nuit, faisceaux de rails d'Austerlitz : depuis que j'ai écrit *Tigre en papier*, c'est peut-être prétentieux, mais pour moi le périph fait partie de ma bibliographie. J'y roule dans un de mes livres. Le ciel gris et bas, le vert violent de la végétation printanière sur les accotements (herbes hautes, graminées, fleurs blanches et jaunes, chandelles blanches des marronniers) donnaient à cette sortie de la ville quelque chose d'équatorial, comme si c'était São Paulo et non Paris que je quittais. À propos de Brésil… Je pensais à *Morte no avião*, le poème de Carlos Drummond de Andrade racontant le dernier matin banal d'un homme qui, quelques heures plus tard, va mourir en avion (« Je me réveille pour mourir. Je me rase, je m'habille, je me chausse… »). La veille, Sylvie B., une productrice de France Culture, m'envoyant le montage qu'elle avait fait de textes d'un autre livre, *Port-Soudan*, l'avait accompagné de ce mot qui m'avait fait sourire : « Soyez indulgent : d'habitude je fais des montages de textes d'auteurs morts. » Elle ne savait donc pas que depuis cinq ans j'étais un mort à crédit (c'était excusable, *Suite à l'hôtel Crystal* étant un des moins lus de mes livres) ?

Mais, apparemment, je ne mourrais pas en avion – pas dans ce vol 0074 d'Azeri Airlines, en tout cas. Vers dix-huit heures, l'Airbus survolait les environs de Constanza, sur la côte roumaine de la mer Noire. À travers une brume lumineuse, de grands miroirs flamboyaient dans le soleil, qui étaient sans doute des serres, on distinguait de longues digues, des flèches de sable. Tout avait l'air normal à bord, « YERÜSTÜ SÜRAT 853 km/SAAT », annonçaient les écrans : 853 km/h, si toutefois il fallait en croire ces sondes fabriquées par Thalès qui allaient défrayer la chronique moins de deux mois plus tard. Jetant de temps en temps un coup d'œil par le hublot – là-bas, en dessous, c'était la Scythie où

Ovide meurt en exil –, je commençais la lecture de *Demain est écrit*. À travers les exemples de Rousseau, qui crée dans *La Nouvelle Héloïse* la fiction d'un triangle amoureux dont il éprouvera, un peu plus tard, les délicieuses affres dans la vie réelle, d'Oscar Wilde qui invente, avec Dorian Gray, le personnage de son futur amant Alfred Douglas et la déchéance qui résultera pour lui de sa rencontre, d'Émile Verhaeren qui lie dans sa poésie le fer et la mort, et finit écrasé par un train, Pierre Bayard y soutient que l'écriture est comme « le lieu d'une obscure prescience de ce qui n'est pas encore advenu ». Émile Verhaeren, poète belge et socialisant, on ne le lit plus beaucoup, c'est comme Maeterlinck (parce qu'ils sont belges tous deux ?), mais je me souvenais qu'il était un « incontournable » à l'époque où je faisais mes études primaires. La poésie allait de Charles d'Orléans (« Le temps a laissé son manteau / De vent, de froidure et de pluie ») à Émile Verhaeren. C'est à des choses semblables, plus même qu'aux signes intimes de sa propre décrépitude, qu'on mesure le passage du temps : la disparition d'Émile Verhaeren, des pavés et des passages cloutés sous les pas des piétons de Paris, des cinémas de quartier, des wagons « vert wagon » de la SNCF…

Il m'était arrivé une fois d'être confronté à cette prescience de l'écriture. À la fin de *L'Invention du monde*, le « narrateur » (la voix qui vient de faire le portrait de la planète) est enfermé dans un mystérieux

« Établissement » qui semble tenir de la Maison des morts et de l'hôpital psychiatrique. Par la fenêtre, il voit la neige tomber. Il a quelques traits d'Ovide exilé en Scythie – là-bas, en dessous, cette terre flamboyant dans une demi-brume que survolait l'avion cependant que je commençais à lire *Demain est écrit* –, il reprend des mots des *Tristia* pour décrire sa situation. Or, un an après avoir achevé ce livre, quelques mois après sa parution, je me trouvais pensionnaire d'une clinique qu'il faut bien appeler psychiatrique, au milieu d'un parc enneigé. J'y écrivais *Port-Soudan* (j'étais amoché mais assez fécond, à l'époque). « C'est la vie, dit Pierre Bayard, qui vient se calquer sur l'écriture, et non l'écriture qui imite la vie. »

Un peu avant huit heures du soir, l'avion descendait vers Bakou. Terre grise, pelée, routes désertes que l'ombre gagnait. Une frange de nuages bordait le rivage de la Caspienne. J'en étais au suicide de Mrs Dalloway, annonciateur de celui de Virginia Woolf (ou plutôt prodrome de cet événement encore à venir, mais dont se fait déjà sentir la gravitation). L'avion faisait une boucle au-dessus de la mer verte, mouchetée d'écume, puis revenait vers la côte. Des voitures roulaient sur une plage interminable. Faubourgs industriels, toits de tôle que raflaient les volets des ailes, comme le râteau d'un croupier. Quelqu'un, cette fois, m'attendait à l'aéroport, qui m'apprit que l'Apchéron avait été démoli deux mois auparavant. Ainsi mon souhait d'y habiter, dans la chambre 1123, ne pourrait se réaliser (d'ailleurs, me dis-je ensuite, peut-être eût-ce été en faire un peu trop ?). Comment fallait-il interpréter

cela (s'il fallait l'interpréter) ? On me conduisit dans un petit hôtel de la Vieille Ville, rue Mirza Mansûr. Le lendemain, j'irais voir les palissades entourant le vide laissé par la démolition, place Azadliq, face au démentiel palais du gouvernement, un machin stalino-vénitien aux dimensions mirobolantes. De l'Apchéron, de la chambre où toute cette histoire avait commencé, ne resterait peut-être que la description que j'en avais donnée (« La chambre proprement dite mesure environ 6 × 4 m, les murs en sont tapissés d'un étrange revêtement plastifié représentant des rameaux gris, en léger relief sur un fond blanc et beige grenu semé de paillettes… »).

Pire qu'une hyène

La disparition de l'Apchéron, et avec lui de la chambre 1123, modifiait la donne. Si la mort devait être au rendez-vous, il fallait en tout cas en changer le lieu. L'Académie du pétrole aurait très bien pu faire l'affaire. Il aurait suffi que j'aille y donner une conférence le 30 avril à neuf heures du matin – surlendemain de mon arrivée. Sur le thème, mettons, de « Pétrole et littérature ». Je ne sais pas très bien ce que j'aurais mis sous cet intitulé, mais j'aurais trouvé. J'aurais pu parler de *Pétrole !* d'Upton Sinclair (à condition bien sûr de l'avoir lu ; et d'ailleurs, peut-être aurait-il suffi que je lise un autre livre de Pierre Bayard, *Comment parler des livres que l'on n'a pas lus ?*). Ou encore du *Pétrole* de Pasolini (tête de l'assistance…). J'aurais pu aussi évoquer le rôle de Shell dans l'exécution par pendaison de l'écrivain nigérian Ken Saro-Wiwa, en 1995. Finalement, il y a beaucoup de choses à dire sur ce thème (peut-être plus que sur ceux que j'aborde d'habitude). D'ailleurs, quelle importance ? Je n'aurais pas eu loisir de prononcer ma conférence. À neuf heures trente du matin, un type tirait dans la foule des étudiants. Avec – c'est du moins la version officielle – un pistolet Makarov 9 mm : celui-là même que j'avais utilisé pour me suicider dans la chambre 1123. Bilan (officiel) : treize morts et treize blessés.

Je ne sais pas comment cela se fait, mais chaque fois que je passe par Bakou, cela crée des dégâts. Le 15 octobre 2003, mon avion avait décollé pour Paris quelques heures avant que des opposants ne contestent dans la rue les résultats de l'élection présidentielle qui venaient juste d'être proclamés : 77 % pour le fils de son père, à peine 14 % pour son principal adversaire. Évidemment, ça avait énervé la police, qui s'était livrée à un grand abattis de manifestants. Cette fois, c'était pire, à peine avais-je débarqué qu'un type faisait un massacre à l'université. Les journaux publiaient la gueule du tueur qui s'était (paraît-il) suicidé, son coup fait. On s'en doute, il n'avait pas une bonne tête. Mal rasé, front bas, yeux à demi fermés, énormes sourcils se rejoignant au-dessus d'un nez tordu. Il s'appelait Farda Gadirov, c'était un Géorgien d'origine azérie, âgé de vingt-neuf ans. Les habitants de son village, Dashtepe, le décrivaient comme un type un peu renfermé. Pas le mauvais bougre, mais pas liant non plus, passant son temps à regarder la télé satellite. On avait trouvé à son domicile une photo de lui l'arme à la main, au dos de laquelle il avait écrit : « Chaque pas m'emmène vers la mort », et signé : « le loup solitaire ». Les enquêteurs affirmaient que c'était un alcoolique et qu'il fréquentait les putes dans un sauna du district de Narimanov (et même, précisaient-ils, des putes atteintes de maladies vénériennes : ce qui constituait sans doute, à leurs yeux, une circonstance aggravante). Selon Chakir Moussaïev, chef du département de médecine légale, son père ne voulait même pas récupérer son cadavre. On avait arrêté deux complices à lui, un vendeur de döner kebabs et un chauffeur de minibus. Personne ne sachant rien de sérieux, les hypothèses farfelues ou paranoïaques fleurissaient : c'était un Kurde du PKK, c'était un coup des Russes (il avait travaillé à Podolsk, près de Moscou), en fin de compte il aurait été surprenant que les Arméniens honnis ne soient pas derrière tout ça (il n'y avait pas moins de vingt-huit Arméniens travaillant dans la boîte qui l'avait employé en Russie, c'était bien la preuve).

La petite Fidan, qui me traduisait ces inepties, avait un joli minois de chat. Elle était extrêmement timide, et effrayée par ces événements incompréhensibles. Elle lisait, hésitante, la une du *Zerkalo* (*Le Miroir*) : « Un loup esseulé ou un chacal méprisable ? Pire qu'une hyène. » Elle aurait préféré, je crois, ne pas avoir à s'en mêler, fût-ce en me faisant la revue de presse sur un banc du *boulvar*. Il faisait très chaud, en haut du derrick qui est la petite tour Eiffel de Bakou le thermomètre lumineux affichait trente-deux degrés. Derrière le parapet la mer était lisse, bleu layette, les silhouettes des rafiots à l'ancre tremblaient dans la vapeur, des flocons blancs volaient dans l'air, qui étaient peut-être des graines de platane ?

Koba

Le plus souvent, c'est Cingiz Khan qui me balade à travers la péninsule d'Apchéron. Je l'appelle ainsi, du nom du terrible conquérant, parce que son prénom et l'initiale de son nom sont les mêmes, mais c'est l'homme le plus paisible du monde. Cingiz est assez élégamment vêtu, veste pied-de-poule et col roulé, son maintien réservé et digne, ses manières courtoises, presque cérémonieuses, me plaisent, en fait il m'évoque, je ne sais pourquoi, un vieux danseur de tango argentin (celui, par exemple, que j'ai rencontré autrefois à Buenos Aires, qui avait été l'ami de Borges et, à soixante-dix ans bien sonnés, dansait dix heures par jour parce que, m'avait-il dit, « pour avoir les belles filles, il faut être un professionnel »). Sa spécialité, à Cingiz, n'est pas le tango mais, plus prosaïque, l'électricité des installations pétrolières, matière qu'il a enseignée en Algérie, à Boumerdès, après avoir suivi des stages de français à Paris et Montpellier – il se souvient de Montmartre, de Notre-Dame et du Luxembourg, je lui donne des nouvelles des changements intervenus dans la physionomie du Quartier latin depuis le temps lointain où il y a séjourné dans un petit hôtel. Il habite un immeuble à colonnades construit par des prisonniers de guerre allemands, où il a emménagé petit enfant avec ses parents, il y a soixante ans. Il tient à me recevoir dans son deux-pièces cuisine typiquement sov, canapé de peluche sombre, tapis, un petit bout de bibliothèque vitrée (abritant, notamment, une Bible curieusement achetée en Algérie), un grand lit matrimonial et trois réfrigérateurs dont l'un ne marche pas « mais pourrait », m'assure-t-il. Nous y buvons du thé accompagné de confiture de mûres (il est content de retrouver ce mot-là, « mûres »). Il me montre des photos de ses petits-enfants, me demande – j'attendais la question – si je suis marié. Divorcé, réponds-je (après tout, c'est presque vrai). Des enfants ? Un très bref instant, j'envisage de lui répondre affirmativement, mais ce serait me lancer dans des complications imprévisibles, je devrais inventer séance tenante des noms, âges, sexes, des professions, enfin tout un roman, je serais prié de produire des photos… Je réponds donc que non, je n'en ai pas. « Tout est devant », me dit-il, pour dissimuler son étonnement, et j'acquiesce, à tout hasard. (Ce jour-là, je décide que, si jamais je ne meurs pas à Bakou et qu'il me soit donné de faire d'autres voyages dans des pays où la situation de vieux célibataire sans enfant est regardée avec suspicion, je vais m'inventer une descendance. J'aurai deux filles, Alice et Chloé, mettons, vingt-sept et quinze ans. De deux femmes différentes. Alice vit au Brésil, à São Paulo, où elle s'occupe de livres pour la jeunesse. Chloé vit avec sa mère, et veut devenir comédienne. Comédienne ou serveuse de bar. Alice ne me donne pas assez souvent de ses nouvelles, à mon goût, mais de temps en temps quand même – je n'ai pas été non plus, il faut le reconnaître, un père très attentif. L'autre jour, par exemple, alors que je dînais à l'Inter Grand Türk, en tête à tête avec les ignobles poissons, mon téléphone a sonné, c'était elle qui m'appelait, elle était à Rio, il était midi là-bas, il pleuvait sur la mer, et je me suis senti moins seul.)

Cingiz Khan possède une vieille Volga très usagée, qui peine un peu lorsque les routes deviennent des pistes, et avec sa coutumière courtoisie il s'en excuse, mais je le rassure : je préfère sa charrette aux corbillards turbocompressés à vitres teintées. Les paysages de l'Apchéron sont magnifiquement désolés. Steppe fauve hérissée de tout un fouillis de métal, pylônes électriques, cuves à pétrole, tuyaux noirâtres, suintants, courant en tous sens, poteaux inclinés, vannes rouillées, épaves de camions, de tracteurs à chenilles. Des taillis de grêles derricks haubanés, des champs de pompes dont la tête d'insecte géant oscille en grinçant. Il semble invraisemblable que toute cette ferraille fonctionne, obéisse à un dessein planifié, pourtant il paraît que c'est le cas. Au milieu de ce fourbi paléo-industriel, des décharges fumantes, entourées de barbelés, des flaques de pétrole, des étangs d'eau mazouteuse, couleur de sang, gorgés de débris. Des milliers de sacs en plastique palpitent dans le vent, ce sont les fleurs de ce désert. Un camion de

loin en loin traîne un sillage de poussière, un train de wagons-citernes, immobile, fait une frise sur l'horizon. Balakhani, Surakhani, Bibi Heibat : paysages de l'enfer. Par endroits, la terre brûle. À Yanar Dag (la Montagne en feu), des flammes ronflantes sortent du rocher. *Azer* est un mot perse pour dire « feu », l'Azerbaïdjan, c'est la Terre de feu.

Le décor semble n'avoir pas tellement changé depuis que l'ex-séminariste Iossif Djougachvili, qui ne se faisait pas encore appeler Staline, mais Sosso ou Koba, faisait de l'agitation révolutionnaire parmi les travailleurs du pétrole, dans les années 1907-1910. Les photos de l'époque montrent des champs de pyramides effilées, en planches, qui ont un peu l'apparence sinistre de

pénitents noirs, et qui sont les derricks d'alors, qu'on appelait « fontaines ». Geysers, flammes, hommes à demi nus, luisants, gluants de naphte. Koba est un beau brun à la forte tignasse, aux yeux ardents, coureur de jupons, orateur emporté, organisateur de coups de main, tueur

qui ne dédaigne pas de taquiner la Muse ou de pousser la chanson. C'est un séduisant voyou révolutionnaire, audacieux et enjôleur, cynique, dur, infatigable. Franchement, même par ce genre de provocations que prisaient tels de mes camarades du temps de mes vingt

ans, je n'ai jamais aimé Staline – j'ai cru à d'autres farces sinistres. Mais je crois qu'à l'époque je n'aurais pas détesté de ressembler à Koba, si j'avais connu son personnage d'Arsène Lupin bolchevique, ascétique et noceur, roi de l'évasion, impitoyable et fleur bleue (lorsque meurt Ekaterina Svanidze, sa première femme, avec qui il partage une masure près de la mer à Bibi Heibat, il veut se tuer et prend son diminutif, Kato, comme nouveau pseudo). Je l'imagine se hâtant, feutre baissé sur les yeux, par les ruelles de Tchiornii Gorod, la Ville noire. Le vent brûlant souffle du sable et de la suie. Des tas d'ordures, des flaques de pétrole encombrent le passage : pas le genre d'endroit où aller chaussé d'escarpins. Yeux blancs brillant dans des faces de bronze, comme ceux de statues antiques, des ouvriers perses ou « tartares », ainsi qu'on appelait alors les Azéris, le saluent – il n'a pas pour les musulmans le mépris qu'ont la plupart de ses camarades. Il se hâte car il a fort à faire. Il vient juste de quitter, dans les sous-sols d'Isheri Sheher, l'imprimerie clandestine où il a rédigé un édito du *Bakinskii Prolétarii* menaçant les Nobel et autres Rothschild – qui pourtant lui versent de temps à autre leur dîme, pour éviter qu'il n'incendie leurs puits. Il court à une réunion secrète où il va organiser, avec quelques hommes de main à lui, à moitié militants et à moitié gangsters, une « expropriation » révolutionnaire. Hommes à Mauser et à poignards tcherkesses, assassins à grandes moustaches, géorgiens ou arméniens, ils font ça pour la bonne cause, celle du peuple, mais ils aiment ça, aussi. La Révolution n'est pas un dîner de gala, heureusement. La dernière fois, on a enlevé un baron du

pétrole, qu'on a relâché contre cent mille roubles. Cette fois on projette d'attaquer, dans le port, un bateau transportant de l'or pour le Turkestan, de l'autre côté de la Caspienne. La Révolution a besoin d'or.

Il ne me déplaît pas, ce romanesque Koba. Pourquoi son futur de dictateur paranoïaque ferait-il de lui et de ses compagnons les « psychopathes » que voit en eux l'auteur du *Jeune Staline* (Calmann-Lévy, 2008) ? Il se peut qu'on écrive sous l'empire de l'avenir – que ce qui n'est pas encore advenu imprime cependant sa marque à l'écriture qui le précède. Peut-être arrive-t-il que le temps de la littérature, comme le fleuve Alphée, coule à rebours (c'est en tout cas pour jouer avec cette hypothèse que je suis ici, parcourant dans la Volga de Cingiz Khan les routes de l'Apchéron). Mais, dans la vie politique, admettre cette détermination par le futur, c'est tomber dans les folies de l'Histoire rétrospective. Faut-il juger le jeune Staline selon des principes staliniens ? D'ailleurs, que « le présent de l'écriture » puisse être « la conséquence du futur de la vie » (P. Bayard), c'est tout de même dur à admettre, plus encore à penser. L'image la plus convaincante – mais ce n'est qu'une image – est donnée par Proust dans *La Prisonnière* : « Il semble, écrit-il, que les événements soient plus vastes que le moment où ils ont lieu et ne peuvent y tenir tout entiers. Certes ils débordent sur l'avenir par la mémoire que nous en gardons, mais ils demandent une place aussi au temps qui les précède. » L'avenir nous enverrait des vagues, à la façon dont une tempête lointaine s'annonce sur la mer encore tranquille.

Chez Essénine

À Surakhani, dans la cour du caravansérail, le temple zoroastrien ne crache plus librement le feu comme on le voit sur les gravures anciennes, le gaz est délivré par des tuyaux munis de robinets, c'est tout juste s'il n'y a pas un compteur. Extérieurement, la mosquée de Shuvalan évoque deux énormes œufs de Pâques, intérieurement c'est un diamant. Une foule se presse, sous ses dômes bleus, autour de la tombe de Mir Movsum Aga, dit « le sans-os », saint homme à qui son squelette en caoutchouc interdisait de se mouvoir et même de se lever. Tout ça ne l'empêchait pas, au contraire, de guérir les maladies des autres, ni d'immobiliser les voitures des KGBistes venus l'arrêter. L'intérieur, de haut en bas, murs, colonnes, plafonds, est revêtu de milliers de miroirs à facettes groupés en étoiles, en rosaces. Flamboyant kaléidoscope, fourmillement d'éclairs. On tourne autour de la tombe du sans-os, hommes à l'étage, femmes au rez-de-chaussée, appliquant ses mains contre les grilles en formulant un vœu (j'en fais deux, que je ne révélerai pas). À Shuvalan Beach (c'est moi qui baptise ainsi le lieu), sur la plage semée de débris et de sacs en plastique, face à la mer grise qu'un froid vent du nord hache de brèves vagues, le Texas Café, ses murs de parpaings, ses paillotes crevées, propose un décor d'une plaisante mélancolie. Cingiz Khan tient absolument à m'y offrir à déjeuner, et rien ne saurait me faire plus plaisir.

À Mardakan, au début du siècle dernier, les barons du pétrole avaient leurs datchas, où ils fuyaient les étés brûlants de Bakou. Les arbres qui les ombrageaient, la terre où ils s'enracinaient, tout avait été apporté à dos de chameau. Difficile aujourd'hui d'imaginer que ce gros bourg poussiéreux a été une villégiature de nababs. Mieux vaut s'en remettre au témoignage des livres qu'à celui des yeux. Banine, de son vrai nom Um El-Banine Assadoulaev, était la petite-fille du milliardaire Moussa Naghiyev qui fut enlevé à deux reprises, peut-être par les sbires de Koba, et qui fit construire à Bakou un palais vénitien qu'on voit encore (il abrite l'Académie des sciences). Exilée à Paris après la Révolution, elle fut l'amie de Jünger et d'Ivan Bounine, et elle a raconté dans *Jours caucasiens* les fastes de son enfance. Dans ces pages dépourvues d'amertume, pleines au contraire d'une ironie allègre vis-à-vis de l'argent, revivent les grandes villas d'autrefois, les allées ombreuses où roulent des calèches, les roseraies, les vertes pièces d'eau, les parties de poker sous les vérandas, les armées de serviteurs (cette nostalgie élégante d'un autre temps – regret d'une harmonie disparue, non de biens perdus – n'est pas sans évoquer celle du Nabokov d'*Autres rivages*). Il y a dans *Jours caucasiens* le récit le plus inattendu et léger qui soit des débuts du pouvoir rouge : une aile de leur villa familiale ayant été transformée en maison de repos pour militants fatigués, Banine et sa cousine, l'une timide et l'autre délurée, marivaudent avec des bolcheviks en vacances. Elles ont quinze ans, elles sont musulmanes et filles de ploutocrates, et se font avec délice draguer par des révolutionnaires athées venus exproprier leur famille. Le comble est atteint quand, badge de Lénine épinglé à leur robe d'été, elles acceptent par amour de participer à une commission chargée d'inventorier les villas voisines. La Révolution, cette fois, est un vaudeville…

Dans le parc-arboretum d'une des anciennes villas de Mardakan, celle peut-être qui vit les scènes de cette libertine lutte de classes, il y a un très modeste musée Essénine. Le poète-paysan, le jeune ange blond dont le nom reste lié à celui de la danseuse Isadora Duncan, était un habitué de Bakou, et a séjourné ici – avec elle, peut-être, avec son ami-amant Anatoli Mariengof, avec Sophie Tolstoï, aussi, sa dernière femme, la petite-fille de Léon (« Cette barbe, toujours cette barbe, en voilà assez, écrit-il à un ami, il y a trop ici partout du noble vieillard »). Au loin, au-delà des toits rouges, la mer est couverte d'antiques plates-formes que relie entre elles un labyrinthe de passerelles. Des paons poussent leur cri affreux, l'air sent le myrte, le romarin, dans les parterres luit l'or rouge de ces giroflées que, je ne sais pourquoi, j'appelle « ramoneurs » et dont l'odeur sucrée est puissamment liée à mon enfance. L'enfance dans les champs et les bois de Konstantinovo, cet amour si russe de la nature : un des thèmes récurrents des poèmes d'Essénine. Sur ma terrasse de la rue Mirza Mansûr, j'ai lu et relu tout ce que j'avais de lui, et je n'arrive pas vraiment à me sentir chez moi dans ce lyrisme rural. Pas assez russe pour cela, sans doute. (« Rural » : je sais bien que cet adjectif échoue à désigner un sentiment très profond, puissant, d'essence probablement païenne, mais quel autre ? Il faut bien faire avec les ressources de la langue, et en français des mots de sens proches – « bucolique », « campagnard », « terrien », etc. – ne conviendraient pas mieux ; le latin, sans doute, saurait dire ça.) Me touchent plus, évidemment, les vers où il dit, avec désespoir, sa lutte avec l'alcool. « Comme les bois en septembre / C'est l'alcool qui effeuille ma cervelle. » « Oh ces interminables nuits soûles / Et la débauche au cafard affreux / Est-ce pour ça que je sens un ver / Ronger comme des feuilles mes yeux ? » Comme à la fin de *L'Homme noir*, son requiem, je me suis souvent réveillé, au matin, « seul devant le miroir brisé » – là, je suis sûrement trop russe. (L'alcool littéraire peut être hilarant, aussi. Je ne connais presque rien d'aussi drôle que ce passage du chapitre cinq d'*Au-dessous du volcan* où le Consul, qui vient de s'envoyer quelques sérieuses rasades de tequila pour faire passer la gueule de bois, essaie de faire croire qu'il est parfaitement sobre à son voisin américain qui le considère avec mépris.)

Kübra Mahmedova, la gardienne du petit musée, est une joyeuse personne, loin apparemment de ces enfers

intimes. Elle exhibe en souriant une collection rare – même dans l'ex-Union soviétique – de dents en or. Elle commente avec entrain les mauvaises photos d'Essénine avec sa sœur Choura, avec l'une ou l'autre de ses femmes, les pauvres éditions de ses poèmes, deux ou trois tableaux le représentant – dandy en complet gris, cravaté, cigarette aux doigts, un peu joufflu sous sa tignasse blonde, pas très Rimbaud russe, un peu icône gay. Une aquarelle le montre plus débraillé, chemise blanche ouverte, fumant une longue pipe, assis dans l'ombre bleue avec des musiciens de *mougham*. Manque la seule photo vraiment émouvante d'Essénine – celle prise sur son lit de mort, après qu'on l'a retrouvé pendu dans la chambre 5 de l'hôtel d'Angleterre à Saint-Pétersbourg, le matin du 28 décembre 1925. Là, il est vraiment beau – jeune homme solaire aux cheveux emmêlés, qui semble rire et pleurer à la fois (« rire au milieu des larmes », comme dit Baudelaire). Je connaissais ses derniers vers, écrits avec son sang, le matin précédent – « Il n'est pas neuf ici-bas de mourir / Mais vivre, bien sûr, n'est pas plus nouveau » –, mais j'ignorais ceux-ci, qui datent de 1916 : « Par une verte soirée, à ma

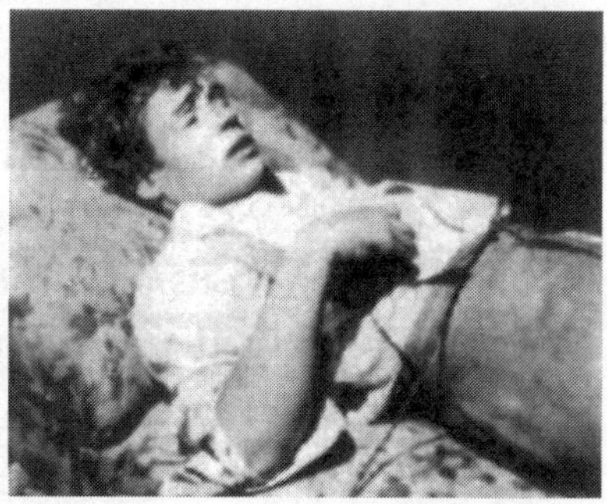

manche / Sous la fenêtre je me pendrai » : demain, une fois encore, avait été écrit.

Si, d'aventure, j'avais oublié les derniers vers d'Essénine, la lecture de *La Deuxième Mort de Ramón Mercader* m'en aurait fait ressouvenir. Gueorgui Nicolaïevitch Oujakov, le vieux bolchevik qui est, au KGB, l'ami et le chef de Mercader-Guinsbourg, les cite au moment où il pense que l'heure est venue de tirer le rideau. Le roman de Semprun est un des livres que j'ai apportés avec moi, qui tous parlent de la mort : *La Mort d'Ivan Ilitch*, *Chronique d'une mort annoncée*, *La Mort du vazir-moukhtar* de Tynianov, *Mourir* de Schnitzler… le *Journal de deuil* de Barthes… Ces volumes, avec beaucoup d'autres, alourdissaient mon bagage, mais heureusement le chef d'escale d'Azeri Airlines à Roissy était une connaissance (ou bien peut-être un membre de mon réseau). Au reste, rien de macabre dans ces lectures, seulement l'application scrupuleuse d'un programme – un peu comme si, visitant la Vallée des Rois, j'emportais avec moi des livres sur l'Égypte pharaonique. D'ailleurs Montaigne (que j'avais aussi invité à faire le voyage) ne conseille-t-il pas de prendre « une voie toute contraire à la voie commune » : cet ennemi qu'est la mort, dit-il, « ôtons-lui son étrangeté, fréquentons-le, accoutumons-nous à lui ».

Lisant, relisant Essénine, regardant ses photographies dans le modeste musée de Mardakan, me revient le souvenir de celui qui fut, je crois, son premier traducteur en français : Armand Robin, personnage dont me touchent la vie et la mort enveloppées de mystère, et l'œuvre aussi (si le mot convient). Né dans la boue d'une ferme de Basse-Bretagne, polyglotte (une vingtaine de langues pratiquées couramment – « Lors de la confusion des langues, je n'étais pas à Babel »), traducteur, poète capable du meilleur comme du pire, désertant l'idée d'œuvre pour un impossible projet où se perdrait l'auteur individuel « enseveli sous les paroles du monde entier », un énorme flux de texte mêlant vers originaux, poèmes traduits, bribes critiques, passant d'une langue à l'autre, d'un genre à l'autre, abolissant leurs différences – si je comprends bien, et justement je ne comprends sûrement pas bien, et c'est cela aussi qui aiguillonne ma curiosité, et mon imagination (je ne comprends pas bien non plus ce que pourrait être le « Livre » de Mallarmé ; aucun rapport bien sûr entre les deux, seulement le vertige que donne l'écriture s'inventant des gouffres, et s'y jetant, y disparaissant). Anarchiste, réprouvé, misanthrope, paranoïaque peut-être, alcoolique sans doute (je n'en sais rien, j'imagine – imaginer ce qu'était un écrivain, de ceux en tout cas dont la trajectoire laisse place à la rêverie, fait partie des droits du lecteur), mort le 29 mars 1961 dans des circonstances apparemment non élucidées – mais enfin, un type qui meurt à l'infirmerie du dépôt de la préfecture de police, on peut toujours se demander si on ne l'y a pas aidé. Fin suspecte qui n'est pas sans rapport avec celle d'Essénine, dont beaucoup de proches ont pensé qu'il avait été suicidé par le Guépéou.

Et puis, entre eux il y a aussi l'origine paysanne, la crainte (chez Robin surtout) d'avoir trahi son origine, la nostalgie d'un impossible retour vers une simplicité perdue. « Ô miens si obscurs, écrivait-il, pour me garder près de vous il me faudrait toute ma vie le moins de mots possible et chaque jour, malgré ma nouvelle existence, une retraite près des plantes, une main passée dans la crinière des chevaux. » L'homme qui écrit cela me touche, ne me paraît pas un écrivain de peu de considération. Il est vrai qu'il y a dans ses étranges écrits, dans ce qu'il en reste, des lignes médiocres, risibles quelquefois – surtout les choses bretonnantes –, mais aussi des passages d'une âpreté désolée (et cette inégalité à soi, comme une façon naïve de détruire l'œuvre dans l'œuvre, est en elle-même une troublante énigme). Il exerce la sombre séduction de ceux qui recherchent leur propre effacement (« Je voulus trouver de quoi ne jamais revenir à moi, un immense plateau dénudé où marcher durement, m'exilant de moi, toutes les directions m'appelant et me décourageant »). Dans un article qu'il consacre à « Trois poètes russes : Essénine, Maïakovski, Pasternak », il a cet aveu stupéfiant : les découvrant, il découvre ce qui aurait pu être sa propre parole, dite par d'autres, dans une autre langue. Il pourrait en éprouver de la frustration, mais au contraire : « Le plus grand bonheur que je puisse concevoir m'était échu :

j'étais dispensé de mon œuvre et cependant je pouvais la chérir sans m'y choquer à mon importune présence.» Michaux parle quelque part de l'aspiration à ne pas laisser de trace, la plus pure, dit-il, la plus originelle (je cite de mémoire). Il y a quelque chose de paradoxal dans cette phrase, surtout chez un écrivain – mais on pressent là une vérité d'autant plus forte qu'elle est difficile à saisir. De Robin, ceci encore qu'aurait pu écrire Michaux: «Aucune terreur ne m'a manqué.»

Leçon de russe

Chaque matin, sur ma terrasse, je m'efforce de faire un peu de russe. Parler cette langue me sortirait de l'assez grand isolement qui est le mien: à Bakou, je suis *au secret*. La leçon commence d'ailleurs plus tôt, avec la commande du petit déjeuner – *zavtrak*, un mot que j'aime bien, un peu exagérément martial peut-être (il sonne comme *half-track*) pour la chose qu'il désigne. Le *zavtrak* m'est servi par Ismaiyl, un jeune homme au crâne rasé extrêmement jovial, et qui apprend beaucoup plus vite, auprès de moi, des bribes de français que moi du russe auprès de lui. Le plateau du *zavtrak* comporte chaque jour plusieurs variations intempestives, on ajoute au menu de base que j'ai commandé (pain, *khleb*, beurre, *masla*, miel, *miod*, et thé, *tchaï*) des fioritures inutiles, et même regrettables: un œuf trop cuit (*iaitsa*), un verre de jus de pomme (*iablotchnii sok*) imbuvable tant il est sucré, une tranche d'une espèce de Bonbel turc (*syr*), un rose saucisson russe (*kolbasa*) qui semble coupé dans du buvard mouillé. C'est presque un divertissement entre nous, quelque chose comme ce jeu d'autrefois, dit des « sept erreurs », qui consistait à découvrir, entre deux dessins paraissant identiques, sept variations dissimulées. C'est un jeu éducatif, puisqu'il me force à nommer chaque fois ce dont je n'ai pas besoin, merci, ainsi que ce que je désirerais (pain, beurre, miel et thé, donc) et qui en général fait, en partie au moins, défaut.

J'ai toujours eu avec les langues un rapport d'amour malheureux. Je les aime, elles m'attirent, j'aimerais les posséder, mais elles m'échappent (rien d'érotique cependant là-dedans). Il n'en est aucune que je parle couramment – même pas l'espagnol, qui est encore celle dans laquelle je me débrouille le mieux. Je n'ai pas, comme Armand Robin, « jeté mon âme dans toutes les langues ». J'ai, de quelques-unes – l'italien, le portugais – des notions suffisantes pour lire le journal et baragouiner, et corriger les traductions qu'on veut bien faire de mes livres. En russe, moins encore. Mes souvenirs heureux du grec ancien m'ont porté, il y a longtemps, vers le grec moderne, mais je n'en ai pas retenu grand-chose, sinon le sens contemporain, trivial, de mots comme *metaphorai* (les transports) ou *exodos* (la sortie) – et aussi qu'une de mes voisines, aux

Langues O, avait de belles épaules, rondes, assez dix-neuvième siècle. Ingresques, mettons. L'anglais, j'en ai à peine mieux que l'usage grossier de n'importe quel touriste international. Cela marque mon appartenance à une génération ancienne, pour laquelle New York était un bout du monde fabuleux. La médiocrité de mon anglais me crée quelque attache, malgré que j'en aie, avec un pays que je n'aime pas, étriqué, terreux, mesquin et fier de l'être, dont le petit Français en béret basque est la caricature. Je me suis toujours senti un cosmopolite, j'ai vécu comme tel, j'ai voyagé autant que j'ai pu, presque tous mes livres se passent essentiellement « à l'étranger », comme on dit, ce n'est pas Hugo ni Flaubert dont j'imagine derrière moi, quand j'écris, la grande figure tutélaire, impressionnante et paternelle, ni même Proust, mais plutôt des écrivains que j'ai découverts en traduction. Je me suis toujours senti un cosmopolite, mais entravé, insuffisant, velléitaire. Fautif, lâchons le mot. Lorsque je mourrai – ici peut-être, bientôt, à Bakou –, l'un de mes regrets sera celui-ci : je n'aurai été qu'un peloteur de langues, je n'en aurai pas fait mes maîtresses.

Des mots russes, j'en connais des tas. Je sais nommer des choses pas très courantes, qu'on ne croise pas tous les jours, un brochet (*chchouka*), un phoque (*tioulién*), un hélicoptère (*vertaliot*), un ours (*miedvied*)... Il y a des mots que j'aime, dont la sonorité m'est sympathique : *tchimadan* (une valise), *grouzavik* (un camion), *tchilaviek* (un type, un mec), *viétir* (le vent), et même *boumaga*, le papier sur lequel j'écris. Je sais comment on dit une coccinelle, bien que j'aie rarement affaire, en fin de compte, à cette bestiole : *bojia karovka*, nom franchement étrange, voire comique, puisqu'il signifie, littéralement, « la petite vache de Dieu » (où vont-ils chercher ça ?). Je sais dire aussi la mort, *smiort*, et mort, *oumir*. Je connais par cœur ce vers d'Essénine (il faut se tenir prêt à toute éventualité) : *Kto pajip zdiec' ? Oumir ? Oujé nié ya li sam ?* « Qui gît ici ? Mort ? Serait-ce moi déjà ? » Je sais des tas de mots, mais mes connaissances de la syntaxe sont si lacunaires que ce lexique reste inerte, affaissé, presque inutilisable. C'est le sans-os de la mosquée de Shuvalan. Mes mots, je peux me les réciter, les faire tinter comme l'oncle Picsou des albums de mon enfance le faisait de ses pièces d'or, j'en tire, en effet, un – très relatif – plaisir d'avare, mais je ne peux pas vraiment les faire vivre, les dépenser dans des phrases.

Alors chaque matin, sur ma terrasse, je m'acharne. Ma vieille méthode – « en 90 leçons et 90 jours » – aux pages cornées, jaunies, beaucoup d'entre elles détachées du dos cassé, marque à sa façon le temps qui a passé. Saint-Pétersbourg s'y nomme encore Leningrad, et on y trouve des titres comme « À propos des héros de l'URSS » (*A géroiakh SSSR*, leçon 21). C'est une méthode d'avant la chute du Mur. Au cours de tentatives réitérées, je n'ai jamais dépassé la leçon 35. Ou bien peut-être, la première fois, ai-je atteint la quarantième (*Zavtrak*, justement) ? C'était, je m'en souviens, il y a vingt-trois ans – un quart de siècle ! – dans une maison que j'avais louée au bord du golfe du Morbihan, pour des vacances avec Sylvie, ma compagne d'alors. J'avais invité ma mère, aussi. Je corrigeais les épreuves de mon deuxième roman, *Bar des flots noirs* – j'aurais dû y passer plus strictement le rasoir, mais à l'époque l'excès ne me déplaisait pas, j'étais volontiers baroque. Je préparais dans le même temps un long voyage dans l'URSS de Gorbatchev, d'où je tirerais un petit livre, *En Russie*, pour les éditions Quai Voltaire (il me vient à l'esprit que ce *Bakou, derniers jours* en est en quelque sorte le pendant, à un autre bout de ma vie). C'est le fondateur et financier de cette maison, le fantasque Gérard Voitey, qui me l'avait demandé. J'aimais bien Gérard Voitey, un jeune notaire peu rigoureux s'agissant de ses comptes, mais enthousiaste et admirant la littérature. Quai Voltaire n'existe plus, Gérard Voitey s'est tiré une balle dans la tête (Lüger 9 mm), quelques jours après Guy Debord, qu'il connaissait bien (le lendemain Roger Stéphane, qu'il avait publié, en ferait autant), ma mère est morte (*oumirla*), l'URSS aussi. Moi, j'ai vieilli.

Outram ya iézjou na rabotou na avtobousié – « Le matin, je vais au travail en autobus ». J'ânonne la leçon 17. Je sais que j'entreprends de construire avec du sable, mais je m'acharne. Il en restera peut-être quelque

chose. Les verbes de mouvement sont un cauchemar. Je laisse tomber la « méthode 90 », je vais m'accouder au muret qui borne ma terrasse, je regarde la ville. Il fait doux encore, il n'est que dix heures du matin. La mer est immobile, lisse, d'un bleu délavé veiné de rose. Au-delà des quelques grues du port, la Ville noire tamponnée de brume. Un ferry très long et bas, en provenance du Kazakhstan ou du Turkménistan, s'approche lentement des quais. Des jetées rayent l'eau nacrée, que les cannes à pêche ourlent de longs cils. Au-dessus des toits plats d'Isheri Sheher montent les cerceaux gris de Qiz Qalasa, la tour de la Vierge, d'où une jeune princesse, selon la légende, se jeta pour échapper aux criminelles ardeurs de son père, et les clochetons de

l'étonnante maison Hadjinski aux allures de burg hugolien. De Gaulle y séjourna en novembre 1944, en route pour Moscou où il allait rencontrer Koba, devenu entre-temps le toujours-victorieux maréchal Staline. Je sais qu'il n'est pas de bon ton de priser les *Mémoires de guerre* ; cela ne m'empêchera pas de dire que le récit du dîner au Kremlin avec « Monsieur Staline » (« Il se donnait l'air d'un rustique, d'une culture rudimentaire, appliquant aux plus vastes problèmes les jugements d'un fruste bon sens. Il mangeait copieusement de tout et se servait force rasades d'une bouteille de vin de Crimée… ») est un chef-d'œuvre – plutôt chateaubrianesque, évidemment, que flaubertien. La chose étrange est que le Général, qui ne devait rester qu'un soir à Bakou, prolongea, paraît-il, son séjour d'une nuit afin d'assister à l'opéra *Koroglu*, d'Uzeyir Hajibeyov. Était-il à ce point passionné d'art lyrique azéri ? Était-il épris d'une chanteuse, une belle plante noiraude et capiteuse, entre les seins de qui, empestant le patchouli, il eût aimé planter son grand nez ? Innombrables sont les romans que, par manque de conviction, par paresse, on néglige d'écrire. *Une nuit d'amour de Charles de Gaulle* serait pourtant une bonne idée, je veux dire susceptible de séduire infiniment plus de lecteurs que ce *Bakou, derniers jours*. L'aide de camp attendant fébrile sur le tarmac (fouettant de sa badine ses bottes de cavalier), au bas de la passerelle du bimoteur Bristol Blenheim, Staline s'impatientant au Kremlin, piquant une colère…

Des pigeons volent en froufroutant dans le ciel pâle. (« Pigeons », tiens, comment ça se dit ? Sais pas.) Juste sous ma terrasse, des toits goudronnés entourent une cour dont portes et fenêtres sont peintes d'un beau bleu brumeux. Une femme en robe rouge, bras levés, y étend du linge, je vois les gouttes étoiler la poussière. Une autre cour est à demi masquée par la voilette d'une treille. Les murs d'une maison écroulée sont hérissés de touffes d'herbe sèche. C'est le domaine d'une bande de chats (*kochky*). L'un fait, d'une démarche nonchalante, le tour d'un toit, roule un peu des épaules, se recouche, son inspection achevée. L'autre s'étire, bâille. Un troisième, d'un saut merveilleux de force, se juche sur une cheminée, scrute les alentours. Ils n'ont pas d'hésitation, ils sont précis, efficaces, économes de leurs mouvements. À leur place. Ils ont l'air de savoir ce qu'ils font ici, eux.

Sabina

La première chose que me dit Sabina, c'est « Je suis lesbienne », et ça me paraît tout de même un peu raide d'attaquer comme ça, qu'une jeune fille, musulmane qui plus est, annonce ça d'emblée à un vieil étranger, mais à peine me suis-je *in petto* étonné de l'aplomb de Sabina que déjà j'ai corrigé : ce n'est pas lesbienne qu'elle est, mais lezguienne. Bien sûr. Les Lezguiens sont un peuple vivant sur la façade caspienne du Caucase, entre Azerbaïdjan et Daghestan. Ils sont moins de quatre cent mille, sunnites quand les Azéris sont chiites. Je lis, dans un ouvrage sur l'Azerbaïdjan publié aux éditions Karthala, qu'aux Lezguiens sont apparentés les Djeks, les Boudoukhs, les Kryz, les Khynalygs et les Tsakhours ; cela m'évoque (avec tout le respect dû à ces minorités nationales) les peuples que Michaux rencontre en Grande Garabagne. Sabina est lezguienne, donc, et fière de l'être. Dans un mois elle aura vingt et un ans. Elle étudie le français à l'université des langues étrangères : « Il est probable que j'adore cette langue », me dit-elle d'assez charmante façon. Sabina a des cheveux noirs, des sourcils épais, une belle bouche rouge, de petites dents très blanches (bébé requin), un visage ovale aux larges pommettes, de petits seins haut perchés sous un tee-shirt « Florida », elle promène son mètre cinquante sur des sandales à talons rouges comme sa bouche, elle justifierait à vrai dire qu'on fasse un saut tous les jours à la médiathèque du Centre culturel français où elle est en stage.

Pour mignonne qu'elle est, Sabina a des rêves plutôt prosaïques. Elle voudrait être *businesswoman*, me dit-elle, elle aime beaucoup les grosses voitures. Elle voudrait voyager, connaître tous les pays du monde, mais celui qui la tente par-dessus tout, c'est la Suisse. Tiens, et pourquoi ? Des imaginations de montagnes neigeuses ou de chocolat, on comprendrait, à la rigueur, on serait indulgent (on a envie d'être indulgent avec elle). Mais non : c'est parce que c'est le pays des banques. Elle aimerait aussi s'occuper de maquillage, ou bien travailler dans le ciné, tourner dans un film. De qui, par exemple ? De Luc Besson. Bon. Sabina est une jeune fille moderne. Son père travaille dans une compagnie qui construit des ponts, sa mère voudrait qu'elle se marie à vingt-trois ans (pas à un écrivain, je sens ça). « Je me dispute tout le temps avec mes parents », m'annonce-t-elle. Elle aime écouter de la musique, elle adore Patricia Kaas, connaît par cœur presque toutes ses chansons, elle aimerait tant chanter avec elle sur scène… Ça ne lui ferait pas peur ? Si, mais… « Chaque soir, me raconte-t-elle, je danse seule dans ma chambre. En dansant, je tombe dans mes souvenirs. » Elle va me chercher le DVD que je lui ai demandé (*Bouge pas, meurs et ressuscite*, de Vitali Kanevski), talons rouges claquant, petit cul en jean noir chaloupant. Elle est banale et charmante, pas éthérée pour deux sous, d'un romantisme très *matter of fact*. Gracieuse et concrète, tout à fait comme les chats qui habitent les toits sous ma terrasse. Elle est dans la province du monde, moi dans la province de la vie. Elle éveille (entre autres) le fantasme pygmalionesque qui sommeille (d'un œil) en moi. Lui apprendre d'autres chansons que celles de Patricia Kaas, lui faire connaître d'autres films que ceux de Luc Besson… « J'ai beaucoup de rêves », me dit-elle : elle n'est pas la seule.

Une soirée à l'Opéra

L'Opéra municipal de Bakou est un édifice étrange, dont je ne saurais définir le style, s'il en a un (et il en a un, incontestablement, qui est de ne ressembler à rien d'autre connu : singularité qui fait le « style » en littérature, pas en architecture). Les deux clochers-heaumes de métal sombre (teutonisation peut-être des bulbes russes) qui encadrent la grande verrière et la marquise lui donnent une beauté barbare, et aussi le contraste entre les gris foncés (plomb, ardoise, orage) et les roses de brique qui rythment sa façade. Il fut commandé à un architecte arménien (ça, il ne faut pas le dire), au début du siècle dernier, par deux frères enrichis dans les conserveries de poisson et le caviar, amoureux d'une diva argentine

– ou italienne, ou néo-zélandaise, ou russe, enfin d'une diva –, afin de lui offrir une scène digne d'elle. La ville cosmopolite du début du vingtième siècle est pleine de palais extravagants, éclectiques, construits pour la frime (comme tous les palais) par les nouveaux riches du pétrole, et que les nouveaux riches d'aujourd'hui s'emploient à détruire ou, quand ce n'est pas possible, à défigurer. Mais l'Opéra est sans conteste le plus étonnant.

Rashad et Djavanshir, deux journalistes qui semblent me vouloir du bien, m'y ont convié à une soirée. En fait, les embarras linguistiques sont tels entre nous que leur invitation tient de l'enlèvement : ils débarquent sans prévenir (du moins n'ai-je pas compris qu'ils m'avaient prévenu) à la réception de mon hôtel, rue Mirza Mansûr, et je n'ai d'autre choix, si je ne veux pas être discourtois, que de descendre séance tenante. Ils me traînent aussitôt à l'Opéra, dans l'état où je me trouve, attifé en marcheur urbain, baskets aux pieds et musette au côté. Dans la salle, tout le monde est plutôt sapé, robes mousselineuses et costumes sombres, et je me sens un peu incongru. On donne ce soir *Arşin Mal Alan*, « le premier opéra oriental », dû à cet Hajibeyov dont de Gaulle vit le *Koroglu*. Je ne comprends évidemment pas un mot, mais on m'explique de quoi il retourne, c'est une intrigue « progressiste », contre les mariages arrangés, c'est joué joyeusement (la salle rit beaucoup, claque dans ses mains aux airs de danse), les costumes orientaux sont plaisants à mon œil occidental, la musique est facile et gaie, et l'une des chanteuses, Fidan Hajiyeva, a du chien, drapée dans une longue robe écarlate (belle bouche charnue, yeux charbonneux, nattes noires, épaules veloutées, bras de Junon caucasienne, je suis sûr qu'elle aurait plu au Général ; si j'écrivais *Une nuit d'amour de Charles de Gaulle*, le roman serait ensuite, forcément, porté à l'écran, et je la choisirais pour le grand rôle féminin). Finalement, je ne m'ennuie pas du tout comme je le craignais.

Ensuite, on m'embarque dans une énorme Toyota blanche pour me mener dîner. Je me méfie de mes deux hôtes, dont la prévenance me semble excessive, je crains qu'ils ne soient dépêchés par je ne sais quel service pour me surveiller, ou au moins me tirer les vers du nez (je confesse une certaine tendance à la paranoïa). Rashad est grand et gras, Djavanshir maigre et olivâtre comme une figure du Greco. Iskander, leur chauffeur, avec ses yeux profondément cernés, a une tête de lémurien. Ils ont fait préparer un gueuleton dans un cabinet d'un restaurant près du stade. Je me fais l'effet d'être une courtisane dans un roman du dix-neuvième siècle, Rosanette ou Nana. On mange des herbes (en Azerbaïdjan, on commence toujours un dîner en broutant des verdures), des petits oignons, du lait caillé, des concombres, des champignons, des dolmas, des chachliks, on boit de la vodka, du thé aux cerises confites. Au début, la conversation est un languissant supplice, puis la vodka fluidifiant mon russe et leur anglais, on finit, je ne dirais pas par se comprendre, mais enfin… par se deviner. Djavanshir essaie de me faire mesurer ce que les Arméniens leur ont fait subir au Karabakh – lui-même en est originaire, et a dû fuir en 1992. On est habitués, en Europe, à voir dans les Arméniens des victimes, mais ici ils sont les envahisseurs – quelque chose comme les Prussiens d'après 1870. Je me garde d'essayer de démêler les fils embrouillés d'une longue histoire marquée par des pogroms réciproques. Mais il y a une chose qui me touche chez Djavanshir – outre sa fragilité physique, sa poitrine creuse de phtisique –, c'est qu'il ne semble pas haïr les Arméniens. J'avais plein d'amis arméniens, se souvient-il avec tristesse. On se ressemble tant… on vivait bien ensemble, à Shousha (c'est la capitale du Karabakh), à Bakou, à Moscou.

Plus tard, dans l'énorme Toyota blanche, au milieu des embouteillages nocturnes. « L'amourr est un oizzeu rrreubelle… », les baffles envoient *Carmen* à fond la caisse, chantée par Fidan Hajiyeva. On côtoie un portrait géant de Hayder Aliyev. Qu'est-ce que j'en pense ? me demandent-ils, un peu embêtés. Le lendemain, c'est la « fête des Fleurs » : tous les Bakinois sont invités à aller fleurir la statue du Père de la Nation. Est-ce qu'en France on célèbre l'anniversaire de Chirac (leur information date un peu) ? Peut-être, risque l'un, si son fils devenait président ? Ils aimeraient bien être européens et sentent que ces démonstrations font un peu… exotique. Ils me laissent sur le *boulvar* au moment où éclate, pour ouvrir les réjouissances, un prodigieux feu d'artifice. Étoiles, sillages de flamme, pluie de flammèches, cascades de lumière sur le noir de la mer. Milliers de têtes renversées, épatées, heureuses d'avoir un bon maître, un munificent seigneur. À minuit, tout est terminé, une troupe de vieilles babouchkas, munies de balais de sorcières en fagot, rassemble bouteilles vides en plastique, canettes, paquets de clopes, en tas que le vent disperse aussitôt.

Altunay Kafe

Tout au bout de la très longue jetée plantée au milieu du *boulvar*, loin en mer déjà, le feu d'artifice suspend des aurores boréales au-dessus d'une bicoque de béton délabré, aux vitres sales et cassées. Le squatter de ce lieu poétique, un vieil homme corpulent, édenté (vieux : pas tellement plus que moi), regarde la ville apparaître puis disparaître au gré des flashes de couleur : les grues du port à droite, le palais stalino-vénitien du gouvernement, fantôme rouge, puis vert, puis blanc, hérissé de pinacles effilés, la colonnade de l'ex-musée Lénine, à présent musée du Tapis (remplacer Vladimir Ilitch par des tapis ! autant dire le fouler aux pieds...), les murailles crénelées d'Isheri Sheher, la tour de la Vierge, les clochetons de la maison Hadjinski, les dômes et les

minarets persans du palais des Shirvanshahs, la coupole et les campaniles italiens de la Philharmonie... Le vieil édenté, une canette de bière à la main, regarde la ville éclairée par les saccades lumineuses d'un bombardement de fantaisie, les fusées tombent en sifflant autour de lui, grésillent dans la mer visqueuse, gonflée de lentes ondulations de serpent noir. Il en a vu d'autres, en fait d'incendies nocturnes, il connaît la guerre, la vraie, la pire, c'est un ancien colonel de l'Armée rouge.

Iouri vit ici, dans la ruine de l'Altunay Kafe, le café du Croissant d'or. Les quelques dents qui lui restent sortent de sa bouche comme celles d'un phacochère. Bonne gueule au demeurant, yeux vifs sous la casquette noire. Il a un aigle tatoué sur la main gauche. Il a « fait » la Tchécoslovaquie, Prague en 68, il était tout jeune, et l'Afghanistan plus tard. L'Afghanistan, il ne veut pas en parler : « Là-bas, il n'y avait que du mal. » Il s'est installé ici, sur la mer, face à la ville, comme un gardien de phare, parce qu'il n'avait pas de retraite, pas de famille. À qui appartient son belvédère ? « Ici, tout appartient au président. » Il se marre. Les pêcheurs à la ligne, nombreux dans la journée, lui donnent du poisson. D'anciens camarades viennent le visiter. Il ne se plaint pas. Par les baies vitrées salies de poussière et de sel, on a sur Bakou la plus belle vue qui soit. On est comme dans un bateau, me crachote Iouri, entre ses chicots : *Kak na parakhodié*. Et en effet on se croirait, à l'Altunay Kafe, dans le salon d'un paquebot bien déglingué, échoué à une encablure des *bizness centers* en forme de vaisseaux spatiaux que des grues tournant nuit et jour élèvent sur le *boulvar*. Mon deuxième livre, celui dont je corrigeais les épreuves il y a un quart de siècle, s'appelait *Bar des flots noirs* : m'y voici transporté. Chaises en plastique, tables de bistro encombrées de tout un fourbi, bouteilles de bière, thermos, radiocassette, bouilloires, lampes à pétrole, vieux journaux, réchaud à alcool. Dans un coin, par terre, la paillasse du colonel. À côté

du matelas mousse, parmi tout un bric-à-brac, un vieil exemplaire de *Vaïna y Mir – Guerre et Paix*.

A living legend

Difficile de dire avec quel grand de ce monde Tahir Salakhov ne s'est pas fait tirer le portrait. Ses catalogues, qui le présentent comme « *a living legend of the universal culture* », le montrent avec Fellini ou Bacon, Rostropovitch ou Yves Saint Laurent, Robert de Niro ou Chagall, aussi bien qu'aux côtés de Brejnev, Gorbatchev, Poutine... Jean-Paul II, Kadhafi... Chaque fois il arbore sous le cheveu ondulé le même air hilare répandu sur un visage un peu grassouillet, barré d'une fine moustache, qui rappelle celui de Dario Moreno – pour ceux à qui ça dirait quelque chose. (Quand on feuillette sa galerie de portraits, on ne peut s'empêcher de se demander en compagnie de qui, de quelle éminence des arts ou de la politique on a été photographié, soi. Même pas avec Bernard-Henri Lévy... Dur bilan. De là à penser qu'on a raté sa vie...) Tahir Salakhov a des amitiés haut placées intercontinentales et transhistoriques (sa carrière commence au milieu du siècle dernier). D'autre part il a peint – car il est peintre – selon à peu près tous les styles (sans toutefois toucher à l'abstraction), si bien qu'il est difficile de ne pas trouver, dans son abondante production, quelque œuvre à sa convenance – ni, inversement, quelque autre qu'on est gêné de devoir regarder, surtout en présence de l'artiste. Il y en a, comme on dit, pour tous les goûts. Personnellement, ce que je préfère de lui, ce sont des toiles anciennes, datant des années soixante, d'un post-impressionnisme qui ne mange pas de pain, des bords de mer, des portraits de travailleurs du pétrole, des ponts à Prague dans des lumières verdâtres, brouillées, qui semblent se souvenir de Whistler (ce qu'il y a de bien aussi, dans l'œuvre de Salakhov, c'est qu'elle est à elle seule une histoire de la peinture moderne, on y trouve des vagues venues de chez Courbet, des rochers où il y a du Gauguin, des natures mortes à la manière de Cézanne, des ponts de chemin de fer ou des tracteurs qu'aurait pu peindre Hopper, etc.). En revanche les croûtes – récentes, malheureusement – montrant des plates-formes pétrolières crachant des flammes, et autres incendies picturaux en bleu cobalt et rouge minium, mieux vaut à mon avis ne pas s'y attarder.

Tahir Salakhov, je l'ai rencontré à un dîner à l'ambassade de France. Parce que, il ne faut pas se plaindre, j'ai été convié à l'ambassade. J'avais mis ce soir-là une cravate et une veste en laine bien trop chaude, qu'évidemment je n'osais tomber, si bien que je transpirais sinistrement au bout de la table. Il y avait d'assez belles dames azéries, pourtant, pulpeuses épouses de ministres, des couples de diplomates, et Tahir Salakhov. Et moi, muet et mijotant au bout de la table, qui n'offrais pas une figure très glamour de la « littérature française » que j'étais supposé représenter (allez vous étonner qu'elle ait perdu, internationalement, du prestige…). L'idée ne serait certes pas venue à Tahir Salakhov de se faire photographier avec un type comme moi, mais comme je lui glissais que j'aimerais bien voir sa peinture, il me tendit une carte de visite en m'invitant, fort obligeamment, à passer le voir. Sur le petit carton blanc, il était marqué qu'il était héros du travail socialiste, artiste national d'Azerbaïdjan, d'URSS et de Russie, lauréat du Grand Prix d'État de l'URSS, vice-président de l'Académie russe des beaux-arts, et plusieurs autres choses encore, des décorations, des doctorats *honoris causa*… (La main tendue au travers de la table, il attendait qu'en retour je lui donne la mienne, de carte, qu'il aurait fourrée dans une poche où un domestique l'aurait découverte au moment de porter la veste au pressing : mais je n'en avais pas. De nouveau, inévitable, la question : et si j'en avais une, qu'y mettrais-je ? Hum… mon adresse, je suppose. Ou bien, en plus, mes dates et lieux de naissance et de mort, tels qu'ils figurent sur le rabat de l'*Hôtel Crystal* : Boulogne-Billancourt, 1947 – Bakou, 2009 ?).

Quelques jours plus tard, toujours en vie, je sonne donc à la porte d'une belle et vieille maison près des remparts d'Isheri Sheher. Un serviteur m'introduit. La *living legend*, belle prestance, en cravate et pull cachemire bleu marine, me fait d'abord passer en revue tout un tas de photos accrochées aux murs (avec Indira Gandhi, avec Siqueiros, avec Nastassja Kinski, avec Lino Ventura, Rauschenberg, Chostakovitch, Erich Honecker, Gina Lollobrigida, Michael Jackson... avec un cosmonaute, les héritiers Romanov, Marcello Mastroianni...), puis il me laisse regarder ses toiles, sous la surveillance d'un factotum. Et là, comme je l'ai dit, problème : celles qui ne me déplaisent pas sont très anciennes, les dernières sont hideuses. Que vais-je dire au Maître ? (Je m'en tire – tant bien que mal – en louant fort des aquarelles récentes.) Je ne suis venu le visiter que pour voir de près un artiste officiel (inutile de dire qu'il a aussi portraituré le Père de la Nation), un peintre brejnévien, un vieux paon soviétique opportuniste – et probablement est-il tout ça. Le voici qui m'exhibe, tout frais, reçus la veille, la notification de sa nomination dans l'ordre français des Arts et Lettres et un télégramme de Medvedev à l'occasion du jour de la Victoire. Pourtant, ici commence ma confusion. D'abord, il a fait préparer un déjeuner (délicieux, en plus). Je ne m'attendais pas à celle-là. Comme je ne peux lui être, nulle part, même dans un autre monde, d'aucune utilité, il faut bien admettre que cet apparatchik de la palette est aussi, tout simplement, un homme hospitalier. Je commence à me sentir dans la peau d'un traître de comédie. Puis voici qu'il me raconte l'histoire de son père, premier secrétaire du Parti dans le Haut-Karabakh, arrêté en septembre 1937 comme trotskiste-zinoviévien, fusillé le 4 juillet 1938. « Pendant vingt ans, personne n'est venu chez nous. J'ai eu une enfance d'ennemi du peuple, en pleine guerre, personne ne me parlait. » Il me montre une photo de son père, qui lui ressemble de façon frappante. Même petite moustache, même chevelure ondulée (du coup, c'est à Romain Gary qu'il me fait penser, plutôt qu'à Dario Moreno).

Des communistes torturés, fusillés comme traîtres, déshonorés et tués au nom de l'idéal qui était le leur, on sait qu'il y en a eu des milliers, des dizaines de milliers. On sait ça, on lit ça, mais c'est différent d'avoir sous les yeux la photo du supplicié et d'entendre son fils, son portrait, dire que toute sa vie, il l'a vécue pour venger son père, que la gloire, il l'a cherchée pour la faire rejaillir sur son père. Je suis ému, je le trouve beaucoup moins ridicule, ce vieil homme encombré, alourdi d'honneurs. Pour un peu, j'en viendrais presque à aimer ses plates-formes crachant des flammes rouge minium dans le ciel bleu. Je me reproche d'avoir été, moi, un peu mesquin. Je suis arrivé chez lui pour le juger, et même l'ayant déjà jugé – j'en repars pénétré de l'humaine ambiguïté. Moins idéologue, plus romancier. Un peu plus vieux aussi, peut-être, si l'on associe l'intransigeance à la jeunesse.

Sumgayt

« Les poissons reviennent à Sumgayt », me dit Mehmet, et Mehmet s'y connaît. On en mange, des poissons, bien grillés, arrosés de pas mal de vodka,

sur une estacade plantée dans la Caspienne, très bleue aujourd'hui. Grande chaleur, peu de vent. Des barques rustiques relèvent des filets près des égouts. De l'autre côté de la route côtière s'élève en pente douce un grand cimetière. Mehmet ressemble de façon frappante à l'écrivain argentin Ernesto Sábato. (Je sais, j'ai la manie de trouver des ressemblances ; c'est ainsi, j'ai tendance à voir le monde comme un jeu de miroirs, un réseau de correspondances. Il semble que j'en sois resté à ce stade du savoir que Foucault, dans *Les Mots et les Choses*, fait se terminer à la fin du seizième siècle, et que structurent les figures de la similitude. Sábato, l'auteur du *Tunnel* et de *Héros et Tombes*, un homme tourmenté, hanté par des questions que se posait Dostoïevski mais qui ne semblent plus préoccuper beaucoup le monde moderne, m'avait reçu, en 1982, au moment de la guerre des Malouines, dans sa maison de Santos Lugares, un faubourg ouvrier de Buenos Aires. Je n'étais qu'un apprenti journaliste, je n'avais encore publié aucun livre, je ne connaissais personne à Buenos Aires, et je n'oublie pas la générosité de son accueil. Mon premier roman, qui paraîtra l'année suivante, lui doit quelque chose.) Mehmet est un vieux râleur, sarcastique et drôle. Il était ingénieur dans une usine de Sumgayt quand fonctionnait ici le plus grand complexe pétrochimique de l'URSS. Après la fin de l'Union soviétique, faute d'entretien et surtout de débouchés, l'énorme zone industrielle est tombée en ruine. Le long du rivage s'étend à présent, sur des kilomètres, un paysage dévasté, sinistre et magnifique. Derrière d'interminables murs, des tours de refroidissement dressent leurs grandes orgues carbonisées, des conduites crevées relient des cuves boursouflées, des convois de wagons-citernes rouillent sur des rails qui ne mènent plus nulle part. Pylônes pliés, barbelés, tourbillons de poussière, tas de blocs de béton où nichent des serpents. Rongé, cloqué, noirci, desquamé, pendant par plaques, le métal, partout, a l'apparence horrible d'une chair brûlée. Au bord d'une route défoncée traversant la forêt de ferraille s'arrondit le dôme turquoise d'une mosquée. Paysage d'un monde d'après une catastrophe, décor pour un roman de l'école post-exotique (je pense au New Yagayane d'*Avec les moines-soldats*, de Volodine / Lutz Bassmann).

« Avant, me dit Mehmet, bien avant, il y avait ici des datchas entourées de vergers. Les melons étaient réputés, on allait sur des ânes les vendre aux marchés de Bakou. » Puis les Soviétiques ont créé ce désert rouge, puis il est tombé en ruine. Sumgayt passe pour être maintenant un des dix sites les plus pollués au monde. La plage est semée de débris. Des feux d'ordures y brûlent. Au bout d'une jetée disloquée, l'épave d'un bateau dont on peut encore lire le nom sur la poupe : *Bolchevik Narimanov*. Perchés sur les blocs de béton, des pêcheurs à la ligne remontent de nombreuses prises. Mehmet avait raison : les poissons reviennent à Sumgayt. (C'est toujours un spectacle excitant de voir la canne se plier, vibrer, le nylon tendu crever en zigzags la surface de

l'eau, puis jaillir l'éclair blanc et argent, l'arc de la canne alors se détendre, tressauter au rythme des entrechats du poisson qui se tord, se vrille… excitation bien plus grande encore si l'on tient soi-même la canne, que ses saccades se communiquent aux muscles, au ventre. Image, bien sûr, de l'acte sexuel. Nul n'a mieux parlé de cette jouissance métaphorique que Hemingway dans ses nouvelles, particulièrement dans *La Grande Rivière au cœur double.*) L'un des pêcheurs, un grand escogriffe barbu en survêt, clope au bec, me demande si en France il y a des poissons (cette question…), et si Carla Bruni va bien (là, je suis moins affirmatif, mais enfin, oui, il me semble que oui). Il lève le pouce pour marquer l'estime dans laquelle il tient « la première dame de France ».

Mehmet est un grand pêcheur. Un grand buveur aussi, et un grand fumeur (il tousse et s'étouffe comme un silicosé). Et en fin de compte un grand pécheur, si j'en crois Gülüsh, sa fille. Il est allé à la pêche tôt ce matin, au bout de l'estacade. Avec lui, il n'est pas inutile de savoir comment on dit « brochet » en russe (*chchouka*, je le rappelle). Le brochet, me dit-il, il pourrait en parler cent ans. Une fois, il en a pris un de onze kilos, très vieux, plein de sangsues (les pêches au brochet avec un oncle médecin de marine – qui avait, d'ailleurs, soigné Hemingway – font partie de mes tout premiers, et rares, souvenirs d'enfance ; du flou qui entoure et masque à jamais cette époque lointaine émergent – avec aussi la senteur sucrée des « ramoneurs » – quelques images associées à un sentiment d'aventure et de liberté : vifs éclairs des poissons-appâts saisis, la nuit, dans la lumière d'une torche, silhouette d'un renard dans la brume de l'aube, bouchon de couleur dansant sur l'eau moirée de soleil, et l'apparition grisante du prédateur tigré, couleur de bronze, gueule bardée de dents entre les herbes jaunes et vertes du bord). Mehmet a une femme beaucoup plus jeune que lui, méchante et jalouse, qui lui mène la vie dure, me dit Gülüsh. « Il paie aujourd'hui pour tout ce qu'il a fait autrefois à ma mère. » J'éprouve de la sympathie, je l'avoue (peut-être même une secrète fraternité), pour ce vieux salaud magnifique qui finit ses jours face à la mer, au milieu des ruines noires, réfugié dans l'alcool, la fumée et la fréquentation silencieuse des poissons.

Roue Ferris

Je suis seul dans une nacelle de la roue Ferris, comme le narrateur à la fin de *Méroé*, qui voit, à mesure qu'il monte, l'Afrique se composer, se déployer autour du confluent des deux Nils à Khartoum. En hommage à Malcolm Lowry, à la grande roue tournant à l'envers sur la place de Quauhnahuac, le jour des Morts, j'ai fait tourner des roues Ferris dans plusieurs de mes livres. Il y en a deux autres, toujours dans *Méroé*, l'une à Nantes et l'autre à Paris. Il y en a une vers la fin de *Phénomène futur*, mon premier livre. De toute façon, le cercle est ma figure, la matrice de mon intime géométrie. Ce qui revient, l'éternel retour, et aussi la spirale dont les tours de plus en plus serrés amènent l'Autre à s'engloutir dans le Même. Il faut que ça tourne : ronde des villes et des barmaids dans *Bar des flots noirs*, éclats d'un phare à la fin de *Port-Soudan*, DS sur le périphérique autour de Paris dans *Tigre en papier*. Dans *L'Invention du monde*, c'est la planète entière qui tourne, quarante-huit heures en cinq cents pages. *L'Invention du monde* est mon livre le plus ambitieux, comme on dit (je préférerais « audacieux »). J'aime bien ce livre, mais ça n'est pas commode d'avoir derrière moi, depuis tant d'années, ce qui est tenu pour le point culminant de ma trajectoire (ça fait de moi une espèce de Tahir Salakhov, moins les honneurs).

Il m'arrive, il m'arrivera sans doute encore, dans ces pages, d'évoquer certains de mes livres. Je sais que ça ne se fait pas, mais ce n'est pas la première fois que je ferai quelque chose qui « ne se fait pas » (*L'Invention du monde*, par exemple). D'ailleurs ce récit que j'écris, que vous lisez, à quoi ça rime ? Et d'abord, qu'est-ce que c'est ? Un journal de voyage, des lambeaux de souvenirs mal cousus entre eux, un testament ? « Un livre sur rien », presque sans sujet, ou dont le sujet reste presque invisible, comme le rêvait Flaubert (mais alors, il faudrait qu'il tienne « par la force interne de son style », et ce serait évidemment présumer de mes forces) ? C'est une promenade sur un fil. Un monologue à basse voix, pour des oreilles patientes, attentives. Une lettre à des amis, connus et inconnus. Ils me pardonneront peut-être de mettre de l'ordre dans mes papiers : après tout si je suis ici, à Bakou, c'est pour voir si la mort y a rendez-vous avec moi, comme elle attend le vizir à Samarkand dans l'histoire attribuée à Farid ud-Dîn Attar (l'auteur aussi de *La Conférence des oiseaux*).

La roue tourne, ma nacelle s'élève avec quelques cahots qui me font battre le cœur. Tirer mon carnet de ma poche, prendre des notes, empêche d'avoir trop le vertige. La Caspienne monte son mur gris au-dessus des arbres du *boulvar*. Des bateaux-citernes sont à l'ancre, un hydrofoil revenant de l'île de Nargin dessine sur l'eau de grands chevrons sombres. Le vent porte des chants d'oiseaux mêlés au brouhaha des promeneurs sous le couvert. Une tourterelle se pose sur une entretoise de la roue à côté de moi. Me contemple de son œil rond, tête inclinée, comme dubitative (l'air de se dire : ce type me rappelle quelqu'un, mais qui ? ou bien : lui, ici ?). Dans la nacelle voisine de la mienne est assise une petite fille enjouée, seule, sa brune chevelure tressée en une natte. Chloé lui ressemblait-elle, à son âge ? Ce serait une idée. Oui, elle lui ressemblait, je crois. Même petit nez mutin, deux croissants de taches de rousseur de part et d'autre, sous les yeux. Si seulement j'avais des photos… Mais je n'en ai pas, évidemment. Je suis tout en haut, à présent. Regard vers le sol. D'en bas ça n'avait pas l'air très haut, mais d'en haut ça a l'air très bas. Je songe à ce que j'ai lu dans Montaigne hier soir, sur ma terrasse de la rue Mirza Mansûr : « Nous ne sentons aucune secousse quand la jeunesse meurt en nous », fin bien plus cruelle, pourtant, que « la mort complète d'une vie languissante ». C'est le genre d'argument qui me semble un peu spécieux. Ce qui serait vraiment mourir, me semble-t-il, là, dans la nacelle qui redescend (je ne vois plus la petite fille, passée en dessous de moi), ce n'est pas de sentir les derniers grains de la jeunesse couler dans le sablier, ce serait de comprendre soudain qu'on n'a pas fait d'œuvre – que tout ça, tous ces jours, ces nuits sous la lampe, ces milliers de pages, c'est rien, pour rien. Horreur semblable à celle qu'éprouve cette héroïne de Maupassant qui a ruiné sa vie pour rembourser une parure de diamants qu'on lui a prêtée, qu'elle a perdue, et dont elle apprend, quand tout est fini, irrémédiablement, qu'elle était fausse et ne valait rien. Toute sa vie foutue pour de la verroterie… Suis-je dans ce cas ? Je me le demande. (Je ne dirai pas quelle est ma réponse. Il se peut d'ailleurs que je n'en aie pas.)

Ali et Nino

La Caspienne est-elle une mer ou un lac ? Et Bakou, en Europe ou en Asie ? Cette question (la seconde) forme la toile de fond d'*Ali et Nino*, LE roman azerbaïdjanais. Géographiquement, la réponse n'a pas l'air de faire de doute, ni pour l'Atlas ni pour le dictionnaire que j'ai à portée de main : en Asie occidentale, comme la Géorgie. Tout ce qui est au sud du Caucase est asiatique : il paraît qu'on doit cette démarcation au géographe de Pierre le Grand, Vassili Tatichtchev. (Est-ce un ancêtre de Jacques Tati ? Sans doute, puisque le grand-père du cinéaste était un général russe.) Ah, mais justement, beaucoup (à commencer par les Géorgiens eux-mêmes) tiennent que la Géorgie est européenne… Et les Arméniens, se sentent-ils asiatiques ? Tandis que les Turcs seraient européens ? Mais la géographie doit-elle tenir compte des affects ? De toute façon, dans *Ali et Nino*, la question est plus politique que géographique. « Mes enfants », avertit à la première page le professeur, russe, du lycée impérial (nous sommes dans les jours qui précèdent la Première Guerre mondiale), « votre comportement décide dans une certaine mesure de la question de savoir si notre ville appartient à l'Europe progressiste ou à l'Asie retardataire ».

Le roman raconte les amours de deux jeunes gens,

Ali Khan Schirvanschir et Nino Kipiani. Il est prince et elle princesse – de ce côté-là, tout va bien ; mais il est musulman et elle chrétienne, géorgienne (elle n'est donc pas voilée comme l'étaient à l'époque les femmes musulmanes, ce qui fait dire à Ali, le narrateur : « Le caractère géographiquement douteux de Bakou me permettait de regarder les plus beaux yeux du monde »). L'histoire se passe entre Azerbaïdjan, Géorgie et Perse, comme on appelait alors l'Iran, entre Grande Guerre et Révolution, et je ne vais pas la raconter. Elle offre un tableau coloré de la Bakou cosmopolite du début du vingtième siècle, « caniculaire, poussiéreuse et imbibée de pétrole ». Les rapports entre Orient et Occident, islam et chrétienté, tradition et modernité, y sont mis en scène de façon très romanesque et peu manichéenne. Barbes parfumées, ongles teints au henné, poignards damasquinés, mollahs enturbannés, femmes enlevées, meurtres d'honneur, harems et palais persans, *Ali et Nino* déploie toute la panoplie orientaliste de rigueur, mais c'est quand même assez palpitant (je sens que je suis en train de vous convaincre).

Ali und Nino a paru à Vienne en 1937, son auteur se dissimulant sous le pseudonyme de Kurban Saïd. On a longtemps cru, à tort, qu'il s'agissait d'une baronne austro-pragoise, Elfriede von Ehrenfels ; Rolf, son baron de mari, s'était converti à l'islam sous le nom d'Omar, elle-même était férue d'astrologie et de platonisme : le couple ne laissait pas d'être excentrique (beaux tous deux, on dirait Rudolph Valentino et Vilma Banky dans *Le Fils du cheikh*). Mais la baronne, dans cette affaire, avait seulement servi d'écran. C'est un journaliste new-yorkais, Tom Reiss, qui a reconstitué, au terme de cinq ans de recherches, ce qui peut l'être de la vie du vrai « Kurban Saïd ». Le récit de son enquête, publié sous le titre *L'Orientaliste*, est encore plus passionnant que le roman, et la vie de l'auteur d'*Ali et Nino* plus roma-

nesque que celle de ses personnages. Ça a l'air d'une formule toute faite, mais ça ne l'est pas, qu'on en juge. Lev Nussimbaum naît à Bakou en 1905, au milieu de l'apocalypse : Arméniens et Azéris se massacrent dans les rues, les Cosaques sabrent et pillent, la fumée des puits en feu masque le soleil. Son père, Abraham, est un petit baron du pétrole, sa mère, Berta, militante juive révolutionnaire, vend à l'occasion ses diamants pour financer les activités clandestines de « Koba »

Djougachvili. Quand il a six ou sept ans, elle se suicide en buvant de l'acide. Une première fois, avec son père, il fuit les bolcheviks à travers le Turkestan et la Perse. Les rouges chassés de Bakou, ils y reviennent. Les rouges de retour, en 1920, ils fuient derechef, en train, à pied, à cheval à travers le Caucase. Voilà une vie qui commence sur les chapeaux de roues.

Chemins de l'exil, Istanbul, Paris, Berlin où, parmi d'autres émigrés russes, il côtoie Nabokov et sa sœur Elena. Il se convertit à l'islam à dix-sept ans, devient Essad Bey, s'invente des parents princiers (lui musulman, elle russe), porte le fez, le turban, devient le conteur oriental, le Shéhérazade des cercles artistes berlinois. Graphomane, il publie plus d'un livre par an, des biographies de Lénine, de Staline (qu'il se flatte d'avoir connu alors que celui-ci squattait la demeure paternelle à Bakou), Nicolas II, Atatürk, Mahomet... Tout lui est bon. Aux côtés de Döblin, Brecht, Benjamin, il collabore régulièrement à la revue *Literarische Welt.* Le récit de ses aventures au pays des soviets, *Öl und Blut im Orient* (*Pétrole et sang en Orient*), est un best-seller : si le mot « autofiction » a jamais eu un sens, c'est bien dans ce cas, car il est évidemment mythomane (j'aurais prévu de l'évoquer, bien sûr, dans ma conférence à l'Académie du pétrole).

Le livre suscite les fureurs croisées des antisémites, qui démasquent en son auteur un juif camouflé, des cercles musulmans (déjà très susceptibles), des communistes, et même des anciens combattants de la *Reichswehr*... Le voilà détesté, célèbre, il a vingt-quatre ans, il lui en reste treize à vivre.

Il épouse une riche et belle héritière, poétesse et fille du roi berlinois de la chaussure, la suit aux États-Unis, y mène la grande vie. Elle le quitte, ils divorcent dans un climat de scandale mondain, il retourne en Europe, s'installe à Vienne où il côtoie Max Brod, Egon Kisch, Franz Werfel. Exclu de la Chambre des écrivains allemands, interdit de publication dans le Reich, il adopte le pseudo de Kurban Saïd pour faire paraître *Ali et Nino* (et c'est la baronne qui ira récupérer les droits). Après l'*Anschluss*, il quitte l'Autriche. Admirateur du fascisme italien, il intrigue en vain pour devenir le biographe officiel de Mussolini. Août 42 : atteint d'une maladie de sang incurable, il meurt seul, pauvre, passant des jours entiers à hurler de douleur, à Positano où il est connu comme « le musulman ». Il ne sait pas, ou feint d'ignorer, qu'Abraham, son père, est mort déporté, sans doute à Treblinka.

J'achève la lecture de cette incroyable histoire à l'ombre d'un arbre du cimetière des Martyrs qui domine la ville et la baie. Ce n'est pas par affectation chateaubrianesque que je lis en ce lieu, mais à cause du calme, du vent frais, de la mer étendue en dessous. Ce Nussimbaum-Essad Bey-Kurban Saïd n'était pas sympathique. Sa mythomanie, son goût du paraître joint à une passion de la dissimulation sont déplaisants. Son inclination, ou au moins sa complaisance pour le fascisme, plus encore. Lorsqu'il meurt, il est sur le point d'enregistrer pour la radio des émissions de propagande en langue persane que lui a procurées Ezra Pound. Néanmoins, il y a quelque chose de fascinant dans son destin de radical apatride, dans ce paradoxe aberrant d'être juif, musulman et philomussolinien, dans la brièveté de son parcours, dans cette mort solitaire et atroce. S'il y a, comme je le crois, une disposition à l'exil à l'origine de l'écriture, si l'écrivain est une personne déplacée dans son temps, alors il est, de cet essentiel retrait, un exemple grimaçant – une caricature.

Je songe à ces choses, vaguement (comme toujours). Je me demande s'il a jamais rencontré Malaparte, autre grand fabulateur, grand maître de l'ambiguïté (snob aussi, aimant aussi les titres princiers) – plus grand écrivain que lui, évidemment. Ils étaient voisins, l'un dans une pension de Positano, l'autre dans son admirable villa de Capri. Il ne semble pas. Dommage, « le musulman » aurait pu faire un personnage de *Kaputt* (pas de *La Peau*, il est mort trop tôt). Je songe à ces choses, la ville en bas, arrondie autour de la baie, me paraît fugitivement ressembler à Naples. Du coin de l'œil, je surveille le spectacle étrange d'un jardinier étendu sur une pelouse, bras écartés, sa main droite ouverte, le tuyau d'arrosage près de lui, coulant à plein débit. A-t-il été saisi d'une envie de dormir, mais alors, foudroyante, au point d'oublier de couper l'eau ? Est-il mort, lui aussi, comme les autres occupants de ce lieu de marbre noir et de fleurs ? Me revient en mémoire de façon inattendue, et incongrue, le souvenir d'une mise en scène d'une variation sur *Hamlet*, à Chaillot (l'empoisonnement du roi endormi dans le jardin, joué par les comédiens devant Claudius et Gertrude, y était très élégamment représenté à l'aide des pièces d'un service à thé). Lorsque je partirai, un peu plus tard, sans avoir osé me mêler de cette affaire, le roi-jardinier sera toujours étendu sur la pelouse, l'eau coulant à côté de lui, brillant sous l'herbe, formant des rigoles sur l'allée en contrebas.

À une jeune morte

Au cimetière des Martyrs, on accède par un *funikulyor* qui me rappelle ceux de Valparaiso, escaladant le grand mur bleu de la mer. Les Martyrs, ce sont les morts tombés en combattant les Arméniens au Karabakh, en 1992, et aussi les victimes du 20 janvier 1990. L'entrée de l'Armée rouge dans Bakou, ce jour-là, fit plusieurs centaines de tués. Il faut dire que la populace azérie avait fourni au Kremlin un excellent prétexte pour intervenir avec le tact soviétique habituel (même sous Gorbatchev), en pogromisant de grand cœur, les jours précédents, ce qui restait d'Arméniens dans la ville. Les tombes de marbre noir forment des allées, sous les arbres, parmi les iris blancs et mauves. Sur chacune, gravée au diamant, grandeur nature, la photo du défunt. Il n'y a pratiquement que des hommes, la plupart assez martiaux, moustachus et en uniforme, beaucoup avec des tricots rayés de marins, d'autres en treillis de camouflage. J'en cherche un qui me ressemble, en vain.

Il me semble pourtant que je peux facilement avoir une gueule d'Azéri (ou d'Arménien, aussi bien). Mais non, aucun jumeau chez les Martyrs. Aliyev Alakbar Hasan Oglu, à la rigueur ? Non, décidément.

Parmi les rares femmes, il y en a une qui me plaît : Gültakin Askerova. Je la photographie en douce (enfin, son portrait sur la stèle noire). Il me semble vaguement faire quelque chose de répréhensible, mais à plus y réfléchir je ne vois pas au regard de quelle morale il serait interdit d'être amoureux d'une morte. Cela fait un peu symboliste décadent, c'est entendu, mais ce n'est pas un crime. Contrairement aux hommes, qui fixent le visiteur, regardant droit devant eux, elle a les yeux tournés vers sa gauche. Elle tient une main ployée sous le menton, son avant-bras est nu. Il y a quelque chose de mutin dans son attitude. Des mèches de cheveux sombres tombent sur son front, ses lèvres dessinent de petites vagues. Une très jolie bouche, vraiment. Oui, elle me plaît, Gültakin, morte à trente-deux ans dans le Haut-Karabakh. J'ai dit « mutin » mais ce n'est pas ça, son expression, très séduisante, est entre mélancolie légère, incrédulité et ironie. L'air d'une femme consciente des efforts qu'on ferait pour la draguer, qui trouverait ça à la fois un peu ridicule et pas désagréable, divertissant, qui s'en amuserait et se demanderait si elle va se laisser faire.

Qu'est-ce qui m'autorise à la placer imaginairement, Gültakin, dans cette situation libertine ? N'a-t-elle pas gagné le droit d'être laissée en paix ? Mais non, justement. Elle n'a pas mérité l'horrible paix des cimetières. Je la vois ici, dans un bar de Bakou, un bar géorgien peut-être, ou bien sur la terrasse de ce restaurant où va la belle société, éclairée de lanternes rouges, tout près de la tour de la Vierge – le Sultan ou un nom comme ça. Je la vois dans de tels lieux, s'amusant d'un type

qui serait (par exemple) un écrivain français pas né de la dernière pluie, qui lui raconterait qu'il va peut-être mourir ici, à Bakou, que c'est écrit, en tout cas, et par lui-même, encore, qu'il est venu à Bakou pour éprouver le pouvoir prophétique de l'écriture, qu'elle est peut-être la dernière femme qu'il rencontre. Elle écoute ce baratin, cause toujours, se dit-elle, et en même temps elle trouve ça inattendu, inhabituel (son ami, ou son mari, qui est peut-être militaire, ou bien cadre d'une compagnie pétrolière, ne parle pas comme ça), ce type est cinglé, se dit-elle, ou plutôt il fait le cinglé pour m'épater, je ne suis pas dupe, mais c'est plutôt drôle et flatteur, et... Stop ! Les feuilles sont vertes autour de son visage, et bougent dans le vent, rouges les œillets devant elle, et elle est grise et noire et ses traits sont figés. Quel droit ai-je de l'imaginer dans un scénario libertin alors qu'elle est morte il y a dix-sept ans à Khankendi ou à Shousha, dans le Haut-Karabakh, et probablement de façon atroce, on ne meurt pas « au champ d'honneur » dans ce genre de guerre ethnique – moins encore que dans tout autre ? Mais aussi, quel mal fais-je à Gültakin Askerova, quel tort fais-je à sa mémoire, en proclamant qu'elle était une femme séduisante ? Ce n'est pas l'offenser, au contraire, que de dire que ses traits de marbre peuvent bouger comme les feuilles légères qui la saluent comme je la salue, ses joues grises, un peu creusées sous les pommettes, se colorer du rouge des œillets, et séduire un vieil écrivain français, et l'inciter à rêver, dix-sept ans après qu'elle a été tuée dans le Haut-Karabakh.

En contrebas du cimetière des Martyrs, sur une esplanade dominant la ville et la baie, se dressait autrefois une statue géante de Sergueï Kirov, dont l'assassinat, en 1934, fut le prétexte des premières grandes purges staliniennes. Sous le socle du colosse disparu, des escaliers descendent vers une pénombre puante. Des visages s'y aperçoivent, définitivement immobiles et qui ne risquent plus de séduire. Une énorme tête de Lénine, énucléée, maculée de jets de plâtre, accueille le visiteur de cet hypogée-dépotoir. Vladimir Ilitch, aveugle, le cou engoncé dans un énorme nœud de cravate, a l'air d'avoir été entarté. Des débris jonchent le sol entre les

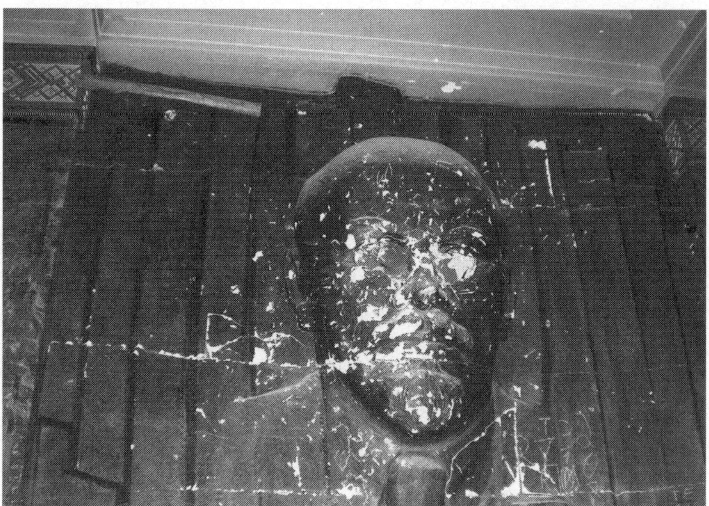

colonnes de marbre rose, une forte odeur d'urine prend à la gorge. Des prolétaires, soldats et marins bardés de cartouchières, graffités, martelés, veillent sur les ordures. Mâchoires carrées, mains serrant des fusils, des drapeaux de bronze, troupe de lémures proclamant « Tout le pouvoir aux Soviets » à l'intention des rats.

Anniversaire

Ce matin-là, impossible d'y échapper, c'est mon anniversaire. Je le voyais venir depuis un moment, sans plaisir. Je sens qu'il va être moins célébré que celui, posthume, du Père de la Nation. C'était, celui-là, il y a juste une semaine. Des milliers de bons citoyens avaient fait la queue sur Bul-Bul Prospekt pour aller fleurir la statue du chef. La sono diffusait des airs classiques, des *Préludes* de Chopin, la *Lettre à Élise*, entrecoupés de chants d'oiseaux. Des militaires défilaient, des malabars en costume sombre, au crâne rasé, canalisaient la foule, il y avait des petites familles endimanchées, des vieux coiffés de ces larges casquettes d'autrefois qu'on appelle ironiquement des *aerodrom*. Moi, je me doute que personne ne va m'offrir des fleurs. Je me lève d'humeur assez morose. J'ai peut-être un peu forcé sur le whisky de l'Union des écrivains, hier soir, seul sur ma terrasse ? Non, même pas, je ne crois pas. Soudain me vient une idée saugrenue : s'il y avait, sur le petit appareil photo numérique qu'une amie m'a offert, un retardateur ? À l'exception d'une espèce de machin en plastique qui s'appelait, je crois, Babyflash, quand j'avais une quinzaine d'années, en Afrique, je n'ai jamais possédé d'appareil, ni eu envie de prendre des photos. Cela m'empêcherait de voir, me semble-t-il : c'est-à-dire de trouver les mots pour dire ce que j'ai devant moi. Il faut trouver les mots, dit quelque part Walter Benjamin, pour dégager l'image du vécu trop aveuglant. Chercher les mots, les trouver (quelquefois), c'est du boulot. J'ai toujours cru (peut-être à tort) que prendre des photos me détournerait de cette recherche difficile. Que les photos viendraient perturber le commerce entre mots et choses, faire écran entre eux. C'est dire comme je suis néophyte.

Bref, une amie m'a offert cet appareil numérique, et soudain l'idée me traverse qu'il doit être muni d'un retardateur permettant de faire des autoportraits. Et en effet, je le trouve (petit miracle). Je me photographie assis au bout du lit. Eh bien, je n'ai pas une tête d'anniversaire… Traits tirés, yeux cernés, air désabusé. Je me souviens vaguement d'un tableau de Hopper où l'on voit une femme assise au bout d'un lit, regardant vers la fenêtre, une expression d'hébétude, ou bien peut-être de morne désespoir, répandue sur le visage que frappe une lumière blafarde : c'est tout à fait ça. *Happy birthday*, mon vieux ! Comment dit-on ça en russe, déjà ? Allons, ne fais pas cette gueule-là. Cependant, le Narcisse photographique s'éveille en moi. Quelques autres autoportraits, pourquoi pas ? Pour pérenniser ce jour que rien, autrement, ne va marquer... Me voici debout, en caleçon noir, bombant un peu le torse, tête penchée vers l'épaule gauche. Voyons... Déjà meilleure allure (avec des moustaches, j'aurais l'air d'un sportif 1900 – je ne saurais dire pourquoi, la pose peut-être, mais c'est la comparaison qui me vient). Meilleure allure et cependant je suis devenu, selon Barthes, ni sujet ni objet, « la Mort en personne ». Repensant aux analyses de *La Chambre claire*, je comprends mieux, plus complètement, le trouble créé par la photo de la jeune « martyre » du Haut-Karabakh ; « cela est mort et cela va mourir », toute photographie écrase le temps, produit un « futur antérieur » de la mort, mais superlativement celle qui grave les signes de la vie – regard de côté, mèches tombant sur le front, main ployée sous le menton – sur la pierre noire de la mort. Et alors, une subite inspiration, la seconde ce matin, et qui me fait rire : si je me faisais un autoportrait à poil ? Voilà, pour le coup, qui marquerait la journée. Aussitôt dit, aussitôt fait. Clac ! Voyons ça. Pas si mal[1]. Un vain soulagement m'emplit (extérieurement, ça va – c'est dedans que tout se déglingue). En même temps me frappe cette incongruité : il a fallu attendre soixante-deux ans, jour pour jour, pour que je pose pour un nu. Quand j'avais quelques mois,

1. Je me rends, non sans quelque regret, aux raisons de mon éditeur qui me dissuade de publier ce cliché.

peut-être ? Ma mère m'aurait photographié, avec le Rolleiflex que j'ai donné, il y a longtemps, au fils de ma seconde compagne ? J'aurais, ainsi, bouclé la boucle, refermé le cycle de mes représentations ? Finalement, cet anniversaire n'aura pas été si nul que ça.

Après, ce jour-là, des amis m'appelleront, mon frère, et leur attention achèvera de sauver la journée. Et Alice et Chloé, vont-elles se souvenir de moi ? Non. Je m'y

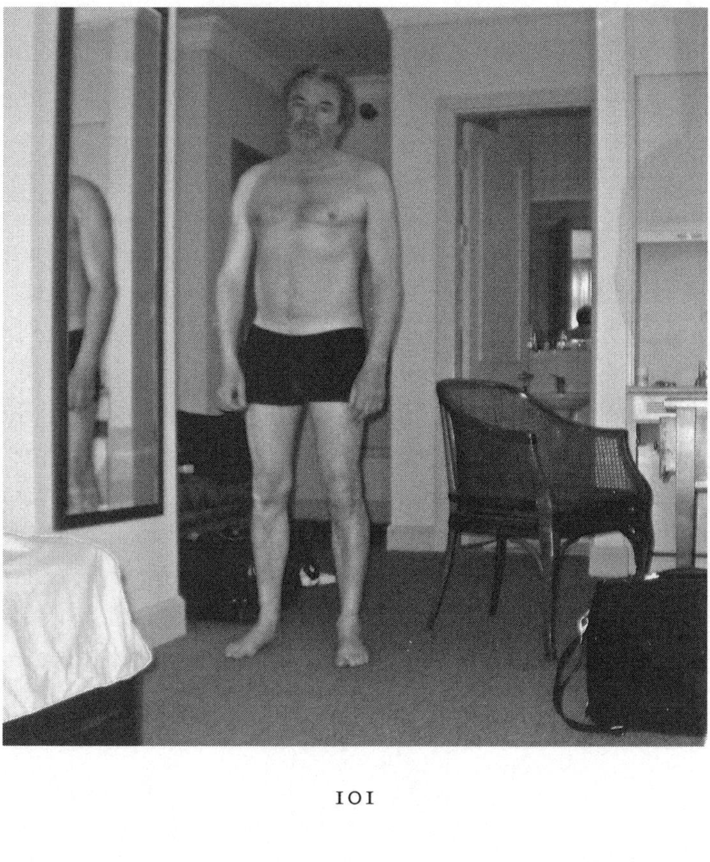

attendais, puisqu'elles n'existent pas. Tout de même... Après, la journée passe, et le soir je m'envole pour le Turkménistan. De l'autre côté de la mer, le Turkménistan, c'est un peu le Farghestan du *Rivage des Syrtes* : pays mystérieux, fermé, qu'on évoque avec une curiosité mêlée de crainte. L'aéroport nocturne est presque désert, nous sommes cinq à embarquer pour Achgabat. Dans l'avion, on nous remet un formulaire douanier spécifiant que les « *printed issues, manuscripts, film/foto tapes, video-sound recordings, graphics, are to be submitted for inspection* ». Bienvenue au pays du Grand Turkmenbachi !

Ruhnama

Le 12 septembre 2001, dans son palais d'Achgabat, le Grand Turkmenbachi (« chef des Turkmènes ») Saparmurat Niyazov, président à vie, pose la plume. « Que le Turkménistan existe tant que le monde existera, que le Turkmène existe tant que le monde existera ! Que la vie du Turkménistan perpétuellement non aligné soit éternelle ! » Dernières phrases. Voilà qui est envoyé ! Il a travaillé quatre ans à écrire ce *Ruhnama* qui doit être un guide pour son peuple. Il se caresse le menton (qu'il a massif comme une enclume) de la main gauche formidablement bagousée. « Que votre époque soit de l'or, mes pré-éternels et éternels Turkmènes ! » Cette phrase-là, il fallait l'oser. La veille (quelques heures auparavant, en fait, compte tenu du décalage horaire), il s'est passé à New York des événements dont on a un peu parlé, dans le monde entier, mais il ne s'est pas laissé distraire. « Eh bien, voilà, mes frères, mes grands frères, mes grands-pères, mes grands-mères, mes sœurs, mes fils, mes petits-enfants, le *Ruhnama* est enfin terminé : ce livre est votre livre, bien que je l'aie rédigé, ce livre vous appartient, ce livre est le cœur du Turkmène. » Les événements qui viennent de se dérouler à New York, il sait que c'est l'écume, la pure contingence du monde. Lui, avec le *Ruhnama*, il est dans le durable, même dans l'éternel. « Au nom de Dieu le Tout-Puissant ! Mes chers citoyens ! Mon cher peuple ! Ce livre que la grâce de l'inspiration de Dieu, créateur de ce grand univers, a envoyé dans mon cœur est le *Ruhnama* des Turkmènes ! » Il va commencer par en rendre l'étude obligatoire dans toutes les écoles. Personne ne pourra prétendre à une charge publique, si modeste soit-elle, sans en connaître par cœur les principaux passages. Il le fera traduire dans toutes les langues. (À la librairie du « bazar russe », cependant, on a eu quelque mal à m'en dénicher une édition française. On me le proposait en letton, en estonien, langues dont l'employée semblait considérer qu'elles n'étaient pas si éloignées que ça du français, et qu'au prix d'un petit effort je pourrais les comprendre.) Dans tout le pays seront élevés des monuments représentant le *Ruhnama*. Pour plus de sûreté (si jamais la Terre était détruite), il le fera expédier en orbite à bord d'une fusée russe.

À Achgabat, il y a un *Ruhnama* de béton d'une petite dizaine de mètres de haut. Il trône au centre d'une couronne de jets d'eau, sur l'avenue dont mon plan (très sommaire, la précision de la cartographie étant un indicateur assez fidèle du niveau de démocratie d'un pays) indique qu'elle s'appelle « *Saparmyrat Turkmenbashi the Great* ». Pas d'erreur, c'est bien le même que celui que je viens d'acheter à la librairie du bazar russe, juste

beaucoup plus grand : couverture vert amande encadrée de lilas, avec le profil en médaillon du Turkmenbachi, doré, comme le titre et l'aigle à cinq têtes des armoiries présidentielles. Maya, qui me pilote dans Achgabat, est un peu ennuyée, je crois, parce qu'elle sent bien que ce n'est pas l'admiration qui me pousse à prendre des photos du livre géant (pas plus que ce n'est la curiosité intellectuelle qui m'a fait tant insister, tout à l'heure, pour qu'on me trouve une édition française). Elle suspecte cela, sans trop oser le vérifier, comme, de mon côté, je devine que ce culte de la personnalité ne la fait pas autant rire que moi, mais j'évite de m'en assurer, pour ne pas la gêner.

Ce ne sont pas les occasions de faire du mauvais esprit qui manquent, quand on visite Achgabat. Ça commence par la « tour de la Neutralité », espèce de gigantesque tripode (la fusée lunaire de Tintin) au sommet duquel la statue plaquée or du Grand

Turkmenbachi, bras levés sous un drapeau d'or, tourne avec le soleil. Juste en face, il y a encore beaucoup plus fort : un taureau géant, en bronze, tient entre ses cornes un globe terrestre fracturé, d'où émerge une femme qui hausse à bout de bras un petit enfant en or : on se doute que c'est encore ce farceur de Saparmurat, mais bébé, cette fois. Explication de l'allégorie : en 1948, un tremblement de terre détruit presque entièrement Achgabat, le futur Turkmenbachi a huit ans, son père est mort à la guerre, sa mère périt en le sauvant, le voilà orphelin miraculeux. Partout au Turkménistan, on voit

des statues d'une femme en longue robe, voile sur les cheveux, tenant un bébé d'or dans les bras : et ce n'est pas la Sainte Vierge, bien sûr. Le *Ruhnama* l'enseigne :

« L'enfant est une partie du corps de son père, mais un morceau du cœur de sa mère. »

Difficile de dire à quoi ressemble Achgabat. Certainement pas à une ville, en tout cas, plutôt à un colossal parc d'attractions. Des tours de marbre blanc qui ont l'air de sucriers, coiffés de dômes ou de pyramides multicolores, bordent des avenues désertes, larges comme des pistes d'aviation. Énormes fioritures, frontons toc, colonnades, chapiteaux dorés, balustres, mignardises mastoc, verre miroir, le forum des Halles fait sobre à côté de cette débauche kitsch. Entre les constructions très espacées, des massifs de fleurs (Achgabat est la ville des roses trémières), des pelouses qu'un arrosage permanent protège du vent brûlant.

Des guerriers de bronze montent la garde devant un monument évoquant une ventouse géante, et qui est le « musée des Valeurs nationales ». Dedans, délire d'or, pluie de pendeloques de cristal, vitrines à la gloire du défunt satrape (car il est mort au milieu de l'affliction de son peuple, en 2006) et de son successeur, Gourbangouly Berdimouhammedov, un type avec des bonnes joues et un air rusé de Raminagrobis (et un nom dur à retenir). Maya et moi, on est les seuls visiteurs, surveillés par deux sveltes employées en longue tunique rouge et petite toque sur les cheveux nattés, altières et suspicieuses. Par les baies vitrées, on voit des nuages s'amonceler sur le Kopet Dag, la montagne toute proche, qui sépare de l'Iran, et en dessous des coupoles bleues ou dorées, des parterres de roses, des jets d'eau, des portiques d'une blancheur éblouissante, des esplanades vides où des soldats font le

pas de l'oie. Une espèce de paradis islamo-Disneyland, une rêverie de dictateur. En grande partie construite par Bouygues, dont les grues tournent sur l'horizon. La nuit, tout ça s'éclaire, des nappes de lumière crue enveloppent les tours aux fenêtres obscures (ces « immeubles d'élite », ainsi qu'ils s'appellent, semblent inoccupés), on dirait, semés sur le velours noir, des ossements de mastodonte : ville spectrale, blafarde, inhumaine, non dépourvue d'une macabre beauté, qui me fait penser à l'étrange évocation de Lima dans *Moby Dick* : « Lima porte le deuil en blanc, et rien n'est plus atroce que sa blanche douleur. »

Les steppes de l'Asie centrale

Infiniment monotone, la route traverse des dunes herbeuses, fleuries de coquelicots. On croise de grosses motos russes à side-car. À droite le Kopet Dag, à gauche la ligne de chemin de fer qui vient des bords de la Caspienne et file, vers l'est, jusqu'à Boukhara, Samarkand, Tachkent. De loin en loin un labyrinthe de murets en briques crues signale une cité ancienne détruite par les Mongols. Des graminées, des chardons mauves, des sortes de clématites blanches y accueillent les papillons, de beaux oiseaux bleus (des rolliers, je crois) y fréquentent les tamaris, des fourmis y cheminent entre les tessons vernissés de turquoise. À Kahka, du haut des murailles d'une forteresse de terre, on aperçoit, loin sur la steppe, une forêt de pylônes électriques. Je me souviens qu'à l'époque reculée où j'étais à l'école, où l'éducation musicale était pratiquement inconnue, un des rares morceaux qu'on nous faisait écouter était *Dans les steppes de l'Asie centrale* de Borodine. Surgi de rien, comme né de la terre vide, un militaire à la haute casquette nous arrête pour un contrôle. Étrangement, nous sommes en règle, même à ses yeux. Des chameaux (en vérité ce sont des dromadaires, mais très poilus) errent dans les platitudes, l'air solennel, ennuyé. À l'approche de l'été, leur pelage tombe par touffes, par plaques. Parfois l'un d'eux s'installe au milieu de la route et n'en décampe plus : buté, obtus, regardant de haut les voitures qui le contournent. Le contraste entre sa hideur pelée et sa morgue est distrayant. Maya m'apprend que

cet animal bourbonien s'appelle en russe *verblioud*, et ce mot m'enchante (je le range dans mon petit tiroir à mots agréables, avec *grouzavik* et *tchimadan*).

À Uluq Depe, une averse a détrempé l'acropole de briques crues, je dérape et me relève aussi croûté de boue qu'un vieux buffle au sortir du marigot. Tout autour s'arrondit, sous des nuées grises, un horizon immense, presque vide, fauve aquarellé de vert tendre. Un minaret se dresse comme un phare sur cette mer.

Une femme dont la longue robe bleu électrique claque dans le vent accroche un ruban à un arbre chamanique. Au pied de l'acropole s'étend un grand cimetière. J'aime l'abstraction des cimetières musulmans, si loin des collections de minables fétiches que sont les nôtres. Des renflements de terre craquelée, ce sont les tombes où le mort gît couché sur le côté droit, en position de

dormeur, tête tournée vers La Mecque. Deux branches y sont fichées, ce sont les brancards qui ont servi au dernier transport. Souvenir des aiguilles de pierre plantées dans le désert soudanais, balises derrière lesquelles le vent dessine des sillages de sable. Souvenir du cimetière des « cinq cents familles » à Kaboul, pendant l'hiver 1994-1995, des tertres neigeux plantés d'éclats de pierre, des drapeaux verts qui claquaient dans les rafales de grésil. Le vendeur de pierres résidait dans une hutte au milieu des tombes, habiter là raccourcissait sa vie, m'avait-il dit, il aurait aimé avoir un autre métier, avant la guerre il avait été maçon, du temps des vivants disait-il, à présent l'Afghanistan était devenu le pays des morts. À Mary, on dîne à une terrasse bordée de roses trémières. Tolik, le chauffeur, est musulman mais mange du cochon grillé et boit de la bière, « chacun répond pour ses péchés », dit-il sagement. Parmi les bons côtés (il y en avait quand même) de l'ex-Union soviétique, il y a la « laïcisation » des sociétés musulmanes d'Asie centrale. Tolik est un petit trapu au cheveu ras, assez flegmatique et drôle. Il a failli s'étrangler de rire lorsqu'il m'a vu esquisser le geste de boucler la ceinture de sécurité de la voiture. Génia, la serveuse du restaurant, montre son nombril entre la jupe et le corsage noir ouvert sur de mignons petits seins, spectacle agréable à deux cent cinquante kilomètres à peine de l'Afghanistan.

Le OUAZ cahote sur la piste sableuse, entre les touffes de tamaris et de saxaouls, les tiges d'ail sauvage et les corolles de coquelicots. Un varan traverse, tricotant des pattes. La terre est plate comme la mer. Le OUAZ est une espèce de minibus 4×4 laid et rustique, caractéristique du paysage routier sov (son nom bizarre, et réjouissant, est l'acronyme d'*Oulianovsk Avtomobilny Zavod*, usine automobile d'Oulianovsk). À Gonur Depe, l'ancienne Margouch, on marche sur des tessons vieux de quatre mille ans. Beaucoup d'oiseaux agités et jacasseurs, de tourterelles aussi, et de temps en temps un coucou dont le cri, le nombre de fois où il est répété, indique (selon Maya) les années qui vous restent à vivre : or cela m'intéresse beaucoup, pas par anxiété particulière mais parce que c'est ce genre de jeu qui m'a mené ici, dans les steppes de l'Asie centrale. Seulement,

chaque fois que j'entends chanter le coucou, j'ai raté le début, et ainsi son oracle reste obscur. Peut-être, après tout, est-ce son silence qui importe, signifiant que mon temps est complètement échu ? Les mouches se font emmerdantes. Evguénia, la guide, une grosse Russe très joviale, raconte qu'elle a failli mourir, victime de la malédiction jetée par une prêtresse dérangée dans sa tombe par les archéologues. Merv a été une des grandes villes du monde, l'un des sept paradis de l'*Avesta*, une capitale de la route de la Soie. Il en reste d'immenses enceintes, et rien ou presque au milieu. Chèvres et chameaux y paissent, des tombes y sont clairsemées dans le sable – chiites, sunnites, orthodoxes, athées, croissants, croix à huit pointes, étoiles rouges. Des milliers

d'hirondelles nidifient dans les remparts d'argile gaufrés des forts sassanides. Talus abrupt d'une trentaine de mètres de haut, la muraille d'Erk Kala, la ville que connut Alexandre, enserre un cirque vide qui semble un cratère lunaire (si vraiment l'homme sur la Lune avait été une mystification, c'est ici qu'il aurait fallu tourner les images). Dans le grand carré de Giaur Kala, la cité des Infidèles, cohabitaient zoroastriens, bouddhistes, juifs et chrétiens nestoriens. Omar Khayyam, qui dirigeait l'observatoire, s'est adonné à la poésie et à l'algèbre, au vin et aux filles « aux joues de tulipe » dans Sultan Kala, la ville musulmane, où Shéhérazade a peut-être inventé ses histoires. (Armand Robin, le traducteur d'Essénine, a aussi traduit Khayyam ; il évoque, sous le masque de jouisseur que l'« algébriste lyrique » montre dans ses *Rubayat*, « la tristesse absolue d'un homme à l'intelligence vertigineuse ».) C'est le contraste entre l'espace désert qu'enclosent aujourd'hui les murs et la multiplicité des temps, peuples, langues, croyances qui s'y sont côtoyés et tressés, qui fait la fascination de Merv. Ici, les lettres régulières de la Grèce ont rencontré les ondoyants caractères arabes, les lanternes d'encre des idéogrammes chinois. En 1221 les Mongols rasent cette « reine du monde », égorgent tous les habitants. Ne restent que de grandes géométries de brique crue, et le mausolée d'un sultan amoureux, qui passa sa vie à attendre le retour d'un visage de fée – puis un jour il s'aperçut qu'il était devenu vieux (cette histoire du sultan Shanjar, du moins ce que j'en ai compris, me paraît dessiner une élégante façon de vieillir). Me voici Chateaubriand sur les ruines de Carthage.

Sur la route du retour, après Mary, la nuit est tombée, Tolik s'arrête pour dîner dans un grand hangar ouvert au bord d'un canal-égout. Des camions sont garés devant. La lumière blafarde, la musique tonitruante, les moustiques n'en font pas un lieu particulièrement attrayant, mais selon Tolik c'est une table réputée chez les amateurs de *som*, le poisson-chat : il y en a, et il en fait partie. La saloperie visqueuse, barbue, moustachue, est pêchée dans le canal au-dessus de quoi s'avancent des plates-formes aménagées pour les dîneurs. Il faut donc se résoudre à manger du *som* frit, à la forte odeur d'égout, arrosé de bière Baltika tiède. Tolik se pourlèche, s'en met plein la lampe, j'essaie quant à moi de refiler en douce mes tronçons à des chats mal peignés, mais ces animaux timides (ou bien est-ce à cause du nom ?) n'osent pas s'en saisir. De l'autre côté du canal, les camions démarrent, soulevant des nuages de poussière dans la lueur des phares, les chauffeurs se lancent des défis. Je songe que je suis dans une situation ambiguë par rapport à la mort : bien sûr, il serait tout à fait plausible (par exemple) d'avoir un accident sur les quelque quatre cents kilomètres de route défoncée qui nous restent à courir, à travers le désert de Karakoum, jusqu'à Achgabat. Peut-être même (mais c'est moins probable) pourrais-je crever d'avoir bouffé ce poisson-chat. Mais ce ne serait, si je puis dire, « pas de jeu ». C'est à Bakou que j'ai rendez-vous en 2009, pas ici. Ici, ce serait une mort déplacée, disqualifiée. De la triche. Rentrons vite.

Un Tartuffe

À Kourtchak, à la sortie ouest d'Achgabat, au bord d'une autoroute à peu près vide, la plus grande mosquée d'Asie centrale fait miroiter ses blancs et ses ors derrière la moire des jets d'eau. Quelques militaires, quelques balayeuses à la tête encapuchonnée – les balayeuses balayant, les militaires militant, je veux dire surveillant

– sont les seuls êtres humains à errer autour des fontaines, au long des pelouses, des massifs de fleurs, des allées qui l'entourent, sur les escaliers de marbre blanc qui y mènent. À côté de la coupole d'or de la mosquée, une autre, plus petite, gardée par des factionnaires, abrite le tombeau du Grand T et de toute sa famille : le père tué à la guerre (certains prétendent qu'il était déserteur : « La base de toutes les méchancetés, c'est médire de quelqu'un en son absence et mentir », est-il écrit dans le *Ruhnama*), la mère et les deux frères tués dans le tremblement de terre. Une statue représente une femme tentant de protéger ses enfants d'une avalanche de plaques de béton. Ce qui est assez ironique, c'est que la statue, comme tout le mausolée d'ailleurs, a été offerte par Bouygues, qui s'y connaît en fait de béton (et a construit aussi, il va sans dire, la mosquée).

À l'intérieur, colossal, de celle-ci, personne, pas un fidèle, juste quelques gardiens et un jeune barbu à l'œil torve qui s'emploie aussitôt à ne pas me laisser un moment de répit et à m'assommer avec un flot d'informations délivrées dans un anglais effroyable. Il y a mille lampes dans la mosquée, la coupole mesure cinquante mètres de diamètre, un des tapis pèse seize mille cinq cents kilos, un autre, cadeau d'Ahmadinedjad, est vieux de deux mille ans (et quoi encore ?). Chaque porte, fabriquée au Maroc, pèse trois tonnes cinq. Et autres chiffres qu'il marmonne tout en se massant légèrement les couilles. Soudain, comme pris d'un besoin irrépressible, ce Tartuffe interrompt ses décomptes pour se jeter front à terre et rendre grâce à Dieu. On aimerait lui réciter, à ce cagot, des vers d'Omar Khayyam : « Vends le Coran, vends tous les livres saints pour du vin / Aurais-tu des mosquées, vends-les pour du vin ! » (Qui de nos jours oserait écrire pareilles choses ?) Il se relève, me balance aussi sec le nombre de places de stationnement dans les parkings souterrains, le nombre de chiottes aussi, là-dessous – malheureusement, son anglais est si approximatif que je ne comprends pas bien. *Tou dred* ? *Two hundred* ? Deux cents ? Ça paraît quand même beaucoup, mais pourquoi pas ? Bouygues est capable de tout. Soudain Tartuffe s'aperçoit que je prends des notes et s'inquiète : *Vat veurk you ? Journalist*, peut-être ?

Oh, *my God!* Dangereux, ça. Et le voilà qui se précipite en nouvelles prosternations.

Ensuite c'est la route, six cents kilomètres criblés de nids-de-poule, rien dans le paysage que des chameaux indolents, des mirages, les rails du chemin de fer, une *tchaïkhana* où pour me distraire on énerve un jeune chameau attaché à un arbre, grêle et pourtant carabosse, tout bouclé, empêtré de ses pattes de faucheux aux genoux cagneux, tête en clef à molette blatérant au bout du cou caoutchouc. Peureux, pas fier, ne cherchant même pas à mordre. (Il me semble qu'il y a, dans *Les Sept Piliers de la sagesse*, un passage sur la couardise et la puanteur des chameaux, mais je le cherche en vain dans la belle édition reliée – Payot, 1936, traduit de l'anglais par Charles Mauron – que m'a offerte mon ami Francis Bueb, le créateur *ex nihilo*, en plein siège, du centre André-Malraux à Sarajevo : pour qui j'ai affection et respect, bien que je ne le lui montre pas assez. Mais une fois de temps en temps, au détour d'un livre. Il y a, pour moi, une émotion étrange dans des attaques de chapitre comme : « Laissant Hamra au crépuscule, nous descendîmes l'ouadi Safra jusqu'en face de Kharma » ; ou bien : « À travers la poussière tourbillonnante, Akaba nous apparut entièrement ruinée. » Une allure décisive qui rappelle César, une brièveté qui dit non l'espace subi mais l'espace pensé, parcouru par la volonté, quelque chose d'impérieux qui appartient peut-être aux langues impériales, latin ou anglais ?)

Enfin des lagunes paraissent, loin sur la gauche, d'un bleu si pâle qu'il se distingue à peine de la peau parcheminée du désert, et à droite de fauves éboulis de cailloux se rapprochent, à travers quoi la route bientôt taille et descend vers les faubourgs d'un port sur la Caspienne qui s'appelait autrefois Krasnovodsk, ou Kizil Su en turcoman, ce qui veut dire la même chose, l'« Eau rouge » – et à présent, cela n'étonnera personne, l'endroit a été rebaptisé Turkmenbachi. Le chemin de fer d'Asie centrale s'y arrête ou y commence, ça dépend des points de vue, dans une ravissante petite gare-loukoum rayée de bandes horizontales blanches et roses, à coupole, créneaux et merlons bifides, et cheminées effilées en minarets miniatures. (L'Empire russe cultivait le décorum des gares. Je me souviens, à un autre terminus, au bout de neuf mille deux cent quatre-vingt-huit kilomètres de rails, de celle de Vladivostok, de ses colonnes ventrues, de ses toits clochetonnés bord à bord avec les bateaux. Le jeune Joseph Kessel, aviateur sans avion, y faisait en 1919 le soldat-cheminot, il raconte ça dans *Les Temps sauvages*, où l'on

voit l'ataman Semenov ripailler dans le luxe barbare de son train blindé, encombré du butin de ses pillages, à côté d'un convoi oublié, plein de cadavres gelés.) Il n'y a qu'un train par jour au départ de Turkmenbachi, à quinze heures trente-cinq, pour Achgabat. L'activité du port ne semble pas plus fébrile. Rien ne bouge, en dehors des ferrys qui font (capricieusement, je ne vais pas tarder à m'en apercevoir) la navette avec Bakou. Des épaves encombrent les bassins, flottantes ou coulées (ce n'est pas au Bar des flots noirs que j'ai l'impression, cette fois, de me trouver, mais à Port-Soudan). Le seul bateau qui paraisse en état de naviguer est le yacht présidentiel, mais alors lui ferait très bonne figure à Cannes

ou à Monaco : une bonne cinquantaine de mètres à vue d'œil de blancheur effilée, amarrée impeccable parmi les ferrailles. Tout doré, scintillant, une cape jetée sur les épaules, tenant son livre ouvert sur le bras gauche, le Grand T lève la main droite comme pour bénir la mer.

Les vingt-six commissaires

Ronald Sinclair avait largement dépassé les quatre-vingt-dix ans lorsque Taddy, sa femme, mourut. C'était encore un bel homme, toujours tiré à quatre épingles, veste croisée, pochette, nœud papillon, le port très droit, les yeux clairs et la moustache qui siéent à un ancien officier britannique (le Blake d'Edgar P. Jacobs). Il apprit alors que son amour de jeunesse, Valya, vivait à Londres dans le dénuement. Il la fit venir dans la luxueuse maison de retraite où il finissait ses jours, à Plymouth – *still going strong*, bon pied bon œil –, et l'y installa dans un studio non loin du sien. Tous les matins, après s'être rasé et frictionné à l'eau de Cologne, impeccablement habillé, il allait frapper à sa porte. Ils restaient ensuite des heures à parler, chez l'un ou l'autre, ou bien assis sur un banc du jardin. Elle avait conservé un léger accent russe, en dépit des quelque soixante ans passés en Angleterre. Il la tenait par la main, ce qui émouvait les infirmières. Quand le temps le permettait (c'est un fait avéré qu'il pleut énormément à Plymouth), ils allaient marcher le long de la baie, regarder évoluer les navires gris de Sa Majesté, les voiliers papillonner autour du grand brise-lames. De temps en temps, ils prenaient un verre dans un bar lambrissé de bois sombre, pavoisé de fanions – elle un porto, lui une vodka, en général. Bientôt elle mourut, et Ronald ne tarda pas à la suivre, en novembre 1989. Il était dans sa centième année. Deux mois avant de mourir, il avait publié son premier livre, le récit d'un voyage qu'il avait accompli de Beyrouth en Inde, en 1926, seul au volant d'une Ford A baptisée Zobeida. Avec *Adventures in Persia*, un succès dont il n'eut pas le loisir de beaucoup profiter, Ronald Sinclair était devenu l'homme le plus âgé à avoir jamais publié un premier livre. Avec sa mort, il rejoignit Ramón Mercader dans le club très fermé (auquel je me flatte d'appartenir bientôt) de ceux qui sont morts deux fois. Le premier *obituary* paru dans le *Times* fut en effet suivi, une semaine plus tard, par un second, qui parlait encore de lui mais c'était un autre homme : on apprenait que le vieux gentleman de Plymouth était en fait un agent secret disparu depuis les années vingt du vingtième siècle, Reginald Teague-Jones.

À la fin de la Première Guerre mondiale, Teague-Jones est un jeune capitaine chargé, au quartier général britannique de Delhi, du renseignement militaire dans la région du golfe Persique. Il parle parfaitement le russe, ayant passé son enfance à Saint-Pétersbourg, et assez couramment le français, l'allemand, le persan et l'hindoustani. Il est avide d'aventures, il va être servi. En avril 1918, il est envoyé à Meshed, capitale du Khorassan, au nord de la Perse, et de là il passe dans le Turkestan russe, alors aux mains des bolcheviks. En juillet 1918, il descend du train à la charmante gare-loukoum de Krasnovodsk, aujourd'hui Turkmenbachi (il est affamé, mais ne trouve rien d'autre à manger que du caviar qui, sans pain, ne lui paraît pas « *very attractive* »). Il traverse la Caspienne, débarque à Bakou, s'enquiert rapidement de la situation. La ville, où gouverne tant bien que mal une Commune formée de bolcheviks et de nationalistes arméniens, est menacée par les Turcs et les « Tatars » de « l'armée de l'Islam ». Or ce serait une catastrophe si les puits de pétrole tombaient aux mains de l'alliance germano-turque : il faut donc informer au plus vite le quartier général à Delhi. Teague-Jones repasse la mer en hâte, trouve le temps, en attendant le train, de saboter à Krasnovodsk un chargement de coton destiné aux troupes allemandes, apprend en passant à Achkabad (Achgabat aujourd'hui) que les bolcheviks ont été renversés par un soulèvement populaire, traverse les hauteurs du Kopet Dag, crève plusieurs mules sous lui, arrive à moitié mort, en pleine nuit, à la mission militaire britannique à Meshed. Là, on lui dit que le général est au lit, qu'il ne faut pas le déranger. « *Gone to bed! Not to be disturbed!* » Les bras lui en tombent. Il a tout risqué pour ne pas perdre une heure depuis Bakou (il y a un côté *Michel Strogoff* dans ses aventures), et on lui dit qu'il faut respecter le sommeil du général !

Je tire ces détails des carnets de Reginald Teague-Jones, publiés après sa mort sous le titre *The Spy Who Disappeared*. Je lis ce bouquin passionnant dans ma chambre du Turkmenbashi Hotel, à la sortie de la ville vers la raffinerie. (Merveille des livres, de la lecture – je le remarque en passant, au risque de la naïveté –, accroissement formidable de la vie, celle qu'on vit et celle qui est une ombre après la mort : près d'un siècle après qu'il est passé par ces lieux, un écrivain français revit les émotions d'un jeune capitaine anglais ; il voit, par la fenêtre de la chambre 409, la mer que brouille une brume de chaleur, et en même temps celle sur laquelle arrive, au petit matin du 12 juillet 1918, le vapeur de Bakou, tandis que le soleil, « *a great ball of fire, emerged from a sea of mist across the Trans-Caspian steppe* », cependant que le soleil jaillit comme une boule de feu de la brume couvrant la steppe transcaspienne. Un voyageur se reposant sur un mauvais lit à Turkmenbachi lira-t-il, dans un siècle, ces lignes que j'écris ? Voyant, au-delà de la fenêtre, miroiter la mer qui entre-temps aura monté, ou baissé, on ne sait jamais avec la Caspienne ? Lira-t-on encore, dans un siècle ?) La lampe de chevet ne marche pas, ni le frigo-bar, vide de toute façon, il n'y a qu'un cintre fil de fer dans la penderie dont la porte coulissante ne coulisse plus, pas de savon dans la salle de bains, les robinets déchaussés sont difficilement utilisables, mais la chambre est grande et donne sur la mer, il ne faut pas se plaindre. D'ailleurs, s'adresser à la réceptionniste est une idée dont on mesure vite la vanité : c'est une assez jolie blonde aux yeux pers, mais qui s'applique à présenter une de ces faces butées, inexpressives, en plâtre, dont seuls les Russes sont capables (« Ni mouvement ni pensée, mille verstes sur la figure »,

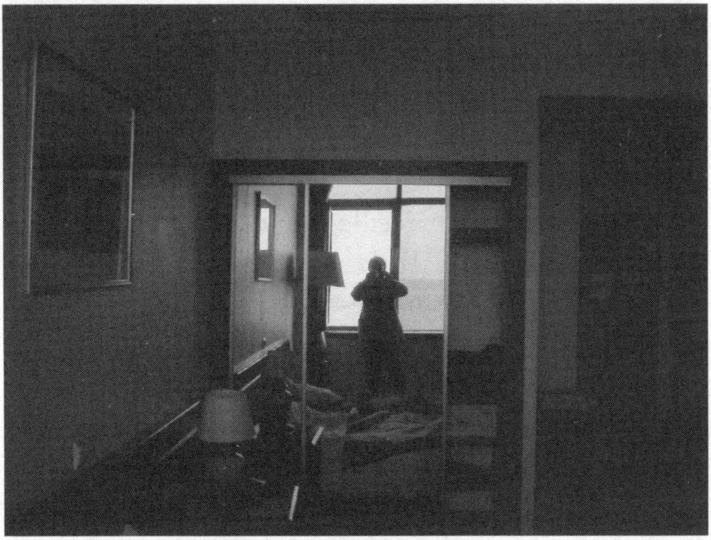

ainsi Tynianov décrit-il, dans *La Mort du vazir-moukhtar*, « le visage populaire de la Russie »). Sous ma fenêtre, un jardin de ciment entouré de grilles, des jeux pour enfants, une piscine dans l'eau vert bronze de laquelle nagent des détritus ; au-delà de la route côtière, la mer cotonneuse sur laquelle je guette l'arrivée éventuelle d'un *parom*, un ferry pour l'autre côté. Depuis que j'ai achevé cette *Suite à l'hôtel Crystal* qui me vaut d'être ici, je me sens déchargé du devoir de dresser, de chaque chambre d'hôtel où je passe, une description minutieuse. Il m'arrive en revanche d'en prendre des photos, et celles que je prends dans la chambre 409 du Turkmenbashi Hotel sont par hasard plutôt réussies, enchâssement mondrianesque de rectangles (les panneaux de la fenêtre reflétés dans les portes-miroirs de la penderie où se répète aussi le cadre d'un chromo accroché au mur, dont le verre renvoie la découpe lumineuse de la fenêtre… et là-dedans une silhouette sombre, à contre-jour, qui tient un appareil photo à hauteur de visage).

À peine le général réveillé, son rapport fait, Teague-Jones repart pour le Turkestan. À Achkabad, il rencontre les nouveaux « maîtres », des cheminots membres du Parti socialiste révolutionnaire (SR), « sales et mal rasés », portés sur le litre, qui ne lui font pas grande impression. Mais, effrayés par l'audace qu'ils ont eue de liquider les bolcheviks, ils recherchent la protection des Anglais. Il transmet à Meshed, file vers la Caspienne, repasse par la petite gare-loukoum, embarque pour Bakou, et là, sur le steamer, il y a « *an attractive little Russian girl, Miss Valya Alexeeva* », qui rentre avec son oncle, un employé de la compagnie Nobel, à Bakou. Miss Valya est certainement plus engageante que la réceptionniste du Turkmenbashi Hotel (ou bien Teague-Jones plus avenant que moi ? les deux, probablement). Ils passent toute la traversée à bavarder – « *a very pleasant trip* ». On imagine la scène : accoudés au bastingage, face au sillage baratté par les roues à aubes, le fringant officier britannique bien pris dans son uniforme beige, la fraîche jeune fille russe en longue robe blanche, jaquette et petit bibi de voyage au ruban noué sous le menton, une ombrelle peut-être, oui, sûrement, même, pour se protéger des soleils marins (on est en juillet, et dans cette région du monde le soleil, si j'ose dire, ne prend pas de gants). C'est la Dame au petit chien sur le vapeur de Feodossia, c'est une image de *Corto Maltese*. À Bakou, fini de rire : les Turcs de l'armée de l'Islam sont sous les murs, la petite force anglaise venue de Perse pour défendre la ville doit bientôt l'évacuer en catastrophe, après quelques combats sans issue. Replié au Turkestan, le jeune capitaine se ronge les sangs : les « *bloodthirsty Tatars* », les Tatars assoiffés de sang, vont-ils faire la différence entre une jeune fille russe et une jeune fille arménienne ? Quelque temps après, soulagement, il la voit reparaître à Achkabad, miraculeusement échappée de Bakou. Elle devient sa secrétaire (entre autres). Tout est bien qui finit bien, ou plutôt qui commence bien puisque cette romanesque histoire, nous le savons, s'achèvera quelque soixante-dix ans plus tard sous la pluie de Plymouth.

Mais, pour le moment, *exit* Miss Valya. Elle sort des carnets de Teague-Jones au moment où s'annonce l'affaire qui va l'obliger à devenir *the spy who disappeared*, à disparaître pour recommencer sous un autre nom une autre vie. Je sens qu'il faut désormais que j'aille à l'essentiel, que les détails dont je me délecte sur mon lit dans la chambre 409 du Turkmenbashi Hotel lassent peut-être le lecteur qui n'a pas comme moi le goût des choses passées et des géographies lointaines. Et pourtant… Duels de trains blindés près de l'Amou-Daria, mini-batailles navales au large de la presqu'île d'Apchéron, putschs révolutionnaires, contre-révolutionnaires, évasions… soubresauts oubliés d'une guerre mondiale qui finit, d'une guerre civile qui débute : il me faut renoncer à ces épisodes pittoresques, c'est dommage. Vous ne savez pas ce que vous perdez. À Achkabad, donc, Teague-Jones devient une sorte de commissaire politique du « gouvernement » SR de Transcaspienne. Il va de soi que Londres se soucie comme d'une guigne de l'avenir de la démocratie ouvrière dans les steppes du Turkestan, ce qui l'intéresse, c'est de protéger les arrières de l'Inde et de l'Afghanistan. C'est la poursuite du *Great Game*, cette déjà ancienne lutte d'influence entre les Empires russe et britannique en Asie centrale dont *La Mort du vazir-moukhtar* relate un épisode, qui se termine par la mise en pièces d'Alexandre Griboïedov, écrivain et ambassadeur russe en Perse, auteur du *Malheur d'avoir trop d'esprit*, au cours d'une émeute à Téhéran en 1829. (Oserai-je confesser la lassitude qu'a fini par me causer la lecture des sept cents pages alambiquées de ce livre qu'Aragon « aurait voulu avoir écrit », mais que n'aurait-il voulu, Aragon ? Il a certainement pensé à Tynianov, en tout cas, en écrivant *La Semaine sainte*. Pierre Mertens, dans *Le Don d'avoir été vivant*, évoque Iouri Tynianov, théoricien et romancier un peu oublié aujourd'hui ; si *La Mort du vazir-moukhtar* est un roman historique, dit-il, c'est « à la façon de l'*Iliade* et à la mesure de *Guerre et Paix* » : l'hommage n'est pas mince.)

À Achkabad, le capitaine Teague-Jones continue à n'être pas enthousiaste du comité de cheminots alcooliques, de maîtres d'école, de nobles décavés et de conspirateurs juifs en quoi s'incarne le nouveau pouvoir. Du chef de ce « gouvernement » de fortune, il écrit que quand il était sobre, il était sûrement un très bon chauffeur de locomotive, mais qu'il était inutilisable comme Premier ministre – « *no earthly use as Prime Minister* ». Lénine pensait que les cuisinières pouvaient s'occuper des affaires de l'État – plutôt, il ne le pensait nullement, mais il le disait. Teague-Jones ne se gêne pas pour penser et dire le contraire, avec une morgue de classe mais aussi sans doute un pragmatisme tout britanniques. Cependant, dès lors que l'Angleterre décide de soutenir ces gens contre les bolcheviks, il faut jouer le jeu, c'est-à-dire envoyer des troupes et de l'argent – ce qu'on ne fait que très parcimonieusement. Bientôt, lorsque la décision sera prise d'évacuer, Reginald Teague-Jones va se retrouver dans une situation qui n'est pas sans rapport avec celle que connaît au même moment, au Moyen-Orient, un autre jeune officier du nom de T. E. Lawrence : obligé de trahir, malgré qu'il en ait, ses protégés. Les Anglais partis, les bolcheviks ne tarderont pas à revenir en force, et les SR d'Achkabad finiront collés au mur.

Ils avaient d'autant moins de chances d'échapper à ce sort qu'ils ne s'étaient pas montrés eux-mêmes très magnanimes envers les rouges. En septembre 1918, fuyant Bakou, vingt-six commissaires bolcheviks de la défunte Commune débarquent à Krasnovodsk. Ce n'est pas là qu'ils avaient prévu d'aller, mais à Astrakhan, tenue par les leurs. Seulement, profitant de la nuit, le capitaine du bateau a mis le cap en douce

sur le Turkestan, et lorsque à l'aube ils s'aperçoivent qu'ils ont été joués, il est trop tard. On les débarque donc (sur le quai, assistant à la scène, il y a Lev Nussimbaum et son père, qui ont fui Bakou eux aussi – c'est du moins ce qu'il prétend dans *Pétrole et sang en Orient*, mais on a vu qu'il ne faut pas le croire sur parole). On les enferme dans une maison que j'ai visitée, une belle maison basse avec véranda et trois arches, abandonnée dans un terrain vague non loin du port, ouverte à tous vents, fenêtres cassées, pièces transformées en latrines. Le chef des vingt-six, Stépan Chaoumian, commissaire extraordinaire pour le Caucase, est un ami de Lénine et de Staline, avec qui il a organisé, en 1907, un sanglant hold-up à Tiflis (Tbilissi). Que faire de ces encombrants prisonniers ? Le conducteur de locomotive demande conseil à Teague-Jones, qui interroge le général *« not to be disturbed »* de Meshed, qui en réfère à Delhi d'où on câble à Londres. La suite n'est pas claire, l'épisode, aujourd'hui encore, controversé. Il semble que la

réponse soit du genre Ponce Pilate : c'est votre affaire, débrouillez-vous. Selon une autre version, le message ordonnant que les vingt-six soient envoyés comme otages en Inde arrive trop tard. Toujours est-il que le 20 septembre 1918, dans le désert de Karakoum, entre les gares de Pereval et d'Akhtch-Kouima, les vingt-six sont fusillés sans jugement. Ils deviennent aussitôt des martyrs du communisme en guerre contre l'impérialisme occidental. Trotski, qui est alors commissaire à la guerre, impute la responsabilité du massacre aux Anglais, et à Teague-Jones en particulier. Des tableaux de peintres soviétiques le montrent présidant à l'exécution. Des films stigmatisent en image la « sauvagerie britannique ». De Moscou, le pouvoir bolchevik promet la mort à tous ceux qui ont eu une part de responsabilité dans l'affaire. La campagne ne cesse pas avec la fin de la guerre civile : en 1924 encore, alors que Koba est en passe de devenir le maître absolu de la Russie, Essénine, si peu politique, commet pour se faire pardonner ses frasques une *Ballade des vingt-six*. « Ils étaient 26. / 26 étaient-ils / 26 [...]. / Par une semblable nuit / Un tel brouillard / Les a fusillés / Un peloton anglais. » Je suis sûr qu'Aragon s'en est souvenu lorsqu'il écrivit *L'Affiche rouge* à la gloire des « vingt et trois quand les fusils fleurirent », et qu'il y a dans « la beauté des choses » évoquée par Manouchian un écho de la vision de l'avenir radieux prêtée par Essénine à cet autre Arménien, Chaoumian : « Regarde : / Les ouvriers ont du pain / Le pétrole est comme le noir / Sang de la terre [...]. / Et sur tous les bateaux / Sur les trains / Notre rouge / Étoile. » En attendant, pour échapper aux tueurs du Guépéou, qu'Aragon chantera aussi, Teague-Jones va devoir disparaître, et passer le restant de ses jours sous une nouvelle identité.

Lorsque je suis arrivé à Bakou, il n'y avait pas que l'hôtel Apchéron qui eût disparu du paysage. La grande place où se trouvait le mausolée des vingt-six commissaires était cernée de hautes palissades à l'abri desquelles on procédait à leur éradication. On les avait, après la fin de la guerre civile, exhumés de leur fosse du désert

turkmène et ensevelis dans un vaste hypogée circulaire au centre de Bakou (il y avait eu des projets beaucoup plus grandioses, notamment l'extraordinaire ziggourat piranésienne du peintre-décorateur Georges Yakoulov). Mais la roue de l'Histoire avait tourné, les héros d'autrefois avaient désormais le tort d'être communistes, russes, arméniens pour certains d'entre eux (et, il faut le dire, quelque peu massacreurs d'Azéris). Quand on enleva les palissades, peu de temps avant mon départ, on découvrit à la place du mausolée une énorme fontaine dorée, ventrue, aux vasques enluminées de bleu, d'un goût plutôt saoudien, me sembla-t-il, évoquant en tout cas ce faux Louis XV rutilant dont raffolent les nouveaux riches du Golfe. « Leur tombe par le sable / Ne sera pas recouverte. / Personne n'oubliera / Leur exécution / À la 207e / Verste. » Tu parles…

Sur la mer des Khazars

Déjà deux *parom*, émergeant de la brume lumineuse, avaient accosté au port. Chaque fois, plein d'espoir, je courais à la gare maritime, mais c'était pour apprendre, de la bouche d'un militaire endormi sous sa haute casquette, que ni le *Zefira Aliyeva* ni le *Qarabag* ne chargeaient de passagers, seulement des wagons de produits pétroliers. Finalement l'*Akademik H. Aliyev* parut à son tour et se traîna, à une allure de tortue, jusqu'au quai. C'était le début de l'après-midi. Les guichets apparemment destinés à la vente de billets étaient fermés, mais parmi les six pauvres hères qui campaient depuis le matin sur leur tas de bagages, le bruit courait que ce bateau-là embarquerait des passagers. En fait, les six passaient par des alternances d'espoir et de désespoir dont il était difficile de connaître les raisons, mais dont je ne pouvais que partager les saccades. À mesure que les heures passaient, que la nuit tombait, qu'était brutalement refermée la porte qu'entrebâillait parfois un audacieux, et derrière laquelle se tenaient des gens portant divers uniformes, le désespoir devenait le sentiment le plus plausible. Et puis, vers dix-huit heures, les guichets ouvrirent (s'entrouvrirent, plutôt, tant la chose fut précipitée), et on nous délivra un coupon valant promesse de billet – sans toutefois que la plus mince indication nous soit donnée sur l'heure d'embarquement.

Commença alors une attente dont rien ne laissait prévoir la fin, mais que le petit coupon en poche rendait plus supportable. La télé passait en boucle des films de propagande du plus pur style soviéto-chinois : tulipes rouges, raffineries, danses folkloriques, lâchers de colombes, tapis, champs de blé, tours du nouvel Achgabat ; entre ces images édifiantes passaient des vues de l'actuel président (Raminagrobis) dans différentes activités. Le Grand T, doré comme à son habitude, nous avait à l'œil. Vers vingt-deux heures, près d'un wagon-citerne, non loin sûrement de l'endroit où Teague-Jones n'avait pas apprécié de manger du caviar sans pain, je m'envoyai quant à moi de l'esturgeon fumé acheté au bazar avec une sorte de saucisson de fromage également fumé. Les moustiques attaquaient en force. De temps en temps j'allais boire une bière ou un thé dans une gargote attenante à la gare maritime. Là, la télé passait de la variétoche russe, des chanteuses platinées se déhanchaient sous les yeux de quelques balèzes probablement camionneurs. La jeune serveuse était assez mignonne et curieusement souriante. Elle avait des taches de rousseur, un petit nez mutin, des cheveux d'une couleur incertaine attachés sur la nuque, de touchantes socquettes blanches. L'heure tournait, les autres candidats passagers roupillaient sur leur tas de ballots, j'essayais, assez malcommodément allongé sur un demi-banc de tôle perforée, de lire *Mourir* d'Arthur Schnitzler. Dehors, deux locomotives diesel se livraient à un curieux manège, poussant dans la cale de l'*Akademik H. Aliyev*, mètre après mètre, deux files de wagons-citernes sur les flancs desquels on devinait, sous les coulures noirâtres, les inscriptions *Georgian Railways* ou *Petro Kazakhstan*, puis, après quelques instants d'hésitation, les en retirant pour les y pousser à nouveau dix minutes plus tard, et ainsi de suite. Cette espèce de copulation infiniment lente entre le train et le bateau s'accomplissait au milieu du prodigieux halètement des locos (encore estampillées de cette étoile rouge, *krasnaïa zviézda*, qui éclaire la dernière vision de Chaoumian à la 207e verste) et du grincement horripilant des roues sur les rails. Évidemment, chaque pénétration faisait naître l'espoir, que chaque retrait venait anéantir, d'un prochain départ.

Enfin, à quatre heures du matin, on poussa sur le quai, vers la poupe béante du ferry, notre bande hébétée. Le petit mariole azéri qui ramassait les passeports, repérant en moi le pigeon occidental ne demandant qu'à être plumé, me taxa de vingt dollars pour m'attribuer une cabine *liouxe*. Olia, une grosse traîne-savates blonde assez débonnaire, m'y mena, titubant de sommeil. L'état de saleté et de démolition dans lequel se trouvait ma piaule « de luxe » était presque réjouissant. Rien qui soit intact, chaises sans dossier, aux coussins lacérés, interrupteurs arrachés, ampoules manquantes, fils électriques pendant du plafond, cintres cassés, vaigrages crevés, lavabo habité par les cafards, environné de giclures brunâtres, etc. Sous le plexi gondolé couvrant le bureau, grêlé de brûlures de cigarette, un ancien occupant avait glissé une feuille où était portée à l'encre rouge, presque effacée à présent, la liste des signaux de détresse. Une plaque sur la porte, *Vratch*, m'apprit qu'il s'agissait du médecin du bord, à l'époque fabuleuse où l'on embarquait des passagers réguliers et se souciait de leur santé. Un oncle, celui qui m'emmenait, enfant, pêcher le brochet, avait été médecin des paquebots de la Compagnie générale transatlantique (c'est ainsi qu'il avait soigné le passager Hemingway, lequel s'était pris de sympathie pour lui au point de le convier à la pêche à l'espadon au large de Cojimar). Je me souvenais du glissement très lent et majestueux des grands *liners* devant Sainte-Adresse, des vagues que le sillage faisait briser sur la plage, longtemps après leur passage, des remorqueurs s'affairant dans les bassins du Havre pour mettre à quai les mastodontes. Ainsi, j'étais comme dans la cabine de mon oncle. Enfin, façon de parler – la sienne, sur *Île-de-France*, *Liberté*, puis *France*, était autrement fastueuse. Une couverture poisseuse de vieille crasse couvrait la couchette sur laquelle, partagé entre épuisement et dégoût, je m'allongeai. Longtemps après, je m'imaginerais sentir sur mon crâne la reptation des poux, ou sur mon bas-ventre celle des morpions.

À tort, mais des créatures si petites, la peur ne suffit-elle pas à les engendrer ? « *Fortis imaginatio generat casum* », dit Montaigne : une forte imagination crée la chose.

À six heures trente du matin, alors que le soleil paraît au-dessus des scies noires de la côte, l'*Akademik H. Aliyev* appareille enfin, environné d'une nuée de moustiques. Turkmenbachi glisse sur tribord, ses épaves, sa gare-loukoum, ses maisons basses à toits de tôle sous la rocaille, ombres bleues, clartés cuivrées. Dans un poème écrit à l'occasion de ses cinquante ans, Borges dit : « Il est une porte que j'ai refermée jusqu'à la fin du monde. » Reverrai-je jamais Turkmenbachi ? C'est peu probable, même si je ne meurs pas à Bakou, après mon retour. Si c'est vrai, cela veut dire qu'une infime partie de moi est morte ici : pour Turkmenbachi, j'appartiens définitivement au passé, au *never more*. Parmi nos nombreux moi, il y a une succession d'avatars géographiques, qui s'éteignent les uns après les autres. « Je comprenais que mourir n'était pas quelque chose de nouveau, qu'au contraire depuis mon enfance j'étais déjà mort bien des fois » : Proust, dans *Le Temps retrouvé*. Le petit mariole azéri qui m'a taxé de vingt dollars pour ma cabine *liouxe* m'importune maintenant de son bavardage qui m'empêche de saluer comme il convient Turkmenbachi qui s'en va, que je perds avec la très mince pellicule de moi qui y demeure attachée, sous le soleil levant. Le bateau est sale et vieux, me dit-il en caressant le petit ventre de femme enceinte qui gonfle son tee-shirt ; lui, tel que je le vois, il a navigué en Baltique, Leningrad, Riga, Helsinki, ah… culture européenne… ici, ce ne sont que des Asiates… Ce type me gâche mon silence, la pesée délicate que j'essaie de faire de ce que j'abandonne ici.

Je me réfugie sur le pont supérieur, où je suis absolument seul. À vrai dire, et hormis l'encombrante présence du petit mariole, le bateau semble presque désert, les six autres passagers ont disparu je ne sais où, les hommes d'équipage, sans doute peu nombreux, on les repère surtout au bruit, lorsque errant par les coursives on entend derrière la porte d'une cabine les éclats de voix d'une série télé. Pas de Miss Valya en vue, pas d'*attractive little Russian girl.* Cent soixante mètres de fer fantôme fendent mollement les eaux de la Caspienne. Accoudé au-dessus de la passerelle, le crâne et le nez protégés du soleil par une casquette à longue visière achetée à Tolkutchka, le bazar d'Achgabat, j'aime à me prendre pour le commandant de ce rafiot. On navigue à vue, les radars ne tournent pas, je veille. Une île basse à bâbord, des barques de pêche, quelques caboteurs pour lesquels l'expression journalistique de « bateaux-poubelles » serait encore trop aimable : on quitte le Farghestan. Il y a toujours, même dans les pays les moins charmants, des choses qu'on regrette de laisser derrière soi. Ici, quelques bonnes têtes – Tolik le chauffeur, Timour qui m'a accompagné jusqu'au bout dans l'attente à la gare maritime. Une jeune violoniste à Achgabat, irrésistible gamine dégingandée, maigrichonne à grande bouche, chevilles et poignets allumettes, drôle, rieuse, jolie-pas jolie, si, jolie, gracieuse à force de délicieuse maladresse, petits anneaux d'or aux oreilles, foulard autour du cou de poulet, bretelles noires du soutien-gorge sur les épaules aiguës pain d'épices. Et puis quoi, encore ? Les roses trémières, la sveltesse des jeunes filles, leurs nattes noires sous la calotte brodée.

La mer est parfaitement calme, laquée bleu pâle, l'horizon vaporeux. De loin en loin, juchée sur ses énormes pattes, une plate-forme pétrolière crache le feu au bout d'un long bec incliné. En langue azérie, la Caspienne s'appelle *Khazar Denizi*, la « mer des Khazars » (en persan aussi : *Daryā-e Khazar*). Les Khazars étaient un peuple nomade, qui établirent, du septième au dixième siècle, un empire allant de la Crimée à la mer d'Aral, des plaines de l'Ukraine aux steppes du Kazakhstan actuel en passant, au sud, par le Caucase. Leur capitale, Itil, était sur le delta de la Volga. La bizarrerie de leur histoire, c'est que, parmi beaucoup d'autres faits semi-légendaires les concernant, il semble avéré que leur *kagan*, leur roi, se convertit au judaïsme vers le milieu du huitième siècle – entraînant du même coup la conversion, sinon de l'ensemble du peuple, du moins des hautes classes. Arthur Koestler a écrit, sur la fin de sa vie, un livre consacré aux Khazars, *La Treizième Tribu*. On y apprend quantité de choses curieuses, comme par exemple cette intelligente coutume rapportée par un voyageur arabe du dixième siècle, Ibn Fadlan : « La période de règne est de quarante ans. Si le roi excède cette durée, même d'un seul jour, ses sujets et serviteurs l'immolent en disant : “Son entendement est diminué, sa pensée est confuse.” » Koestler, à côté de considérations assurées, se livre aussi à des hypothèses audacieuses (le *shtetl* polonais serait une évolution des bourgades de Khazarie), voire franchement baroques (le *gefilte fish*, la carpe farcie de la cuisine juive d'Europe centrale, serait un lointain souvenir des rives de la Caspienne). Carpe farcie ou pas, la thèse explosive de l'étude de Koestler est là : les Ashkénazes ne descendraient pas de l'Israël biblique, mais d'un peuple turc d'Asie centrale. Ils seraient la diaspora des Khazars après la destruction de leur nation par les Rous de Kiev d'abord, puis, définitivement, par les Mongols. Il n'y a pas de peuple élu.

L'écrivain serbe Milorad Pavić a construit son étrange *Dictionnaire khazar* (« roman-lexique ») autour de la polémique ou controverse qui vit (supposément) s'affronter théologiens chrétien, musulman et juif pour décider de la conversion du *kagan* Bulan, mais il contient encore beaucoup d'autres histoires propres à susciter l'étonnement, par exemple celle de la princesse Ateh qui « n'a jamais réussi à mourir ». Il existe cependant une version (peu plausible, nous dit l'auteur) selon laquelle elle serait morte, ou au moins aurait pu mourir, de la façon suivante : elle portait inscrites sur ses paupières des lettres interdites, dont la vue eût été fatale. Le présent qu'on lui fit de deux miroirs, l'un, lent, qui reflétait avec un infime retard ce qui venait d'advenir, l'autre, rapide, qui anticipait sur ce qui arriverait à l'instant suivant, fut cause que, s'y contemplant, elle mourut entre deux battements de cils, « tuée en même temps par les lettres du passé et celles de l'avenir ». J'aime cette histoire, je l'aime dans son immédiateté poétique, mais il me plaît aussi d'y chercher une leçon cachée. Par exemple : un écrivain ne peut vivre que dans l'oubli de ce qu'il a écrit et l'ignorance de ce qu'il n'aura ni le temps, ni la force peut-être d'écrire. Cette interprétation me charme par plusieurs côtés, et d'abord parce qu'elle me renvoie à cet admirable passage du *Temps retrouvé* où Proust compare le narrateur à un peintre qui, découvrant enfin le point de vue d'où il peut rendre un paysage, se met au travail dans la crainte qu'il ne soit trop tard, que ne vienne le saisir « la nuit où l'on ne peut plus peindre ». Et pourtant je crois qu'elle est fausse, que c'est précisément cette lutte avec la nuit (cette vision, donc, des « lettres de l'avenir ») qui aide, qui oblige à vivre, de cette « vraie vie enfin découverte et éclaircie » qu'est, selon Proust, la littérature. Foin de ces graves considérations : j'aime aussi, dans le *Dictionnaire khazar*, des détails comme cette petite annonce par laquelle « le descendant d'un calife du XVIe siècle vendait le château familial de 1 500 pièces, situé au plus bel endroit de la côte tunisienne, dans la mer, à 20 m sous l'eau seulement » (château englouti qui évoque celui de Sabayil, dans le port de Bakou). Enfin, ce livre baroque, qu'aurait aimé Perec, je crois, est une *Wunderkammer*, un cabinet de curiosités.

Alors que je contemple la mer des Khazars, accoudé au-dessus de la passerelle, espérant (mais en vain) voir se silhouetter à l'horizon l'« île artificielle » de *Neftanye Kamni* – les « Roches à pétrole » –, une gigantesque ruine industrielle de l'époque soviétique dont le nom fait penser à Jules Verne, deux marins sortis sur l'aileron

bâbord me font signe de descendre. Je réponds d'assez mauvaise grâce à leur appel, pensant qu'ils vont me signifier que je n'ai pas le droit de me tenir là, au-dessus de leurs têtes. En fait, ils veulent m'inviter à partager avec eux une bassine pleine d'écrevisses (*rak*, voilà un mot russe que je ne connaissais pas, et qui va faire très bon ménage avec *chchouka* – le brochet). La première que je saisis est trop cuite, plutôt que de l'éplucher je la porte à ma bouche pour en sucer la chair, l'un d'eux croit que je m'apprête à la manger ainsi, avec sa carapace. Ça alors, il n'a jamais rien vu d'aussi drôle ! Un pareil couillon ! Qui croit qu'une écrevisse, ça s'avale en entier, avec pattes et pinces et tout ! Il est littéralement plié de rire, il en hoquette ! Il m'explique comment faire (il a une voix de fausset). Je feins de suivre avec attention. Dépouiller le *rak* de sa carapace, d'accord. OK, on ne mange pas la tête. À part qu'ils me prennent pour un plouc, ces deux types sont charmants. Napoléon, Jeanne d'Arc, ils me montrent qu'ils s'y connaissent un peu mieux en histoire de France que moi en crustacés. Et Delon, *on oumir* ? il est mort ? Non, *on jiviot*, il est en vie. Et Gabin ? *On oumir, k'sajaléniou*. Il est mort, malheureusement. Et Belmondo, et Bourvil ? Et Depardiou ? Et Gérard Philipe ? Fanfan la Tulipe ? Je ne rêve pas. Ces deux types, marins d'un fantomatique ferry sur la mer Caspienne, me demandent des nouvelles de Gérard Philipe ! Je suis désolé de leur apprendre qu'*on oumir kagda ya byl otchén maladoï*, il est mort quand j'étais très jeune : et ça fait, ça, un sacré bout de temps.

L'espion qui sauva Moscou

Voici à présent, après *the spy who disappeared*, le second espion de ce récit – je m'excepte du lot, en dépit des missions ultrasecrètes exécutées pour France Culture en Afghanistan. Celui-ci est un maître, et un

héros. Un monument, qui n'a pas été (encore ?) démoli honore sa mémoire sur une place de Bakou (les monuments aux espions sont rares, pour ne pas dire rarissimes ; en fait, je n'en connais pas d'autre). Deux yeux autour de quoi s'esquissent des sourcils, des cernes, des rides, la racine du nez, percent une énorme tôle semblant une plaque de blindage, épaisse, légèrement concave, qu'écorchent quelques impacts. Quand je dis que ce monument, sinistre et assez grandiose aussi, « honore sa mémoire », ce n'est pas tout à fait exact, car le nom de celui à qui appartenait cet effrayant regard vide a disparu. Il s'agit de Richard Sorge, l'homme qui informa – en vain – Staline du jour de l'attaque allemande en juin 1941, et lui donna ensuite l'assurance que le Japon n'en profiterait pas pour le prendre à revers, lui permettant ainsi de faire revenir de Sibérie et d'Extrême-Orient des troupes pour la défense de Moscou et la contre-attaque.

Le premier livre, je crois, que j'aie jamais publié comme éditeur (puisque j'ai fait un peu, nonchalamment, ce métier-là) s'appelait *L'Espion qui sauva Moscou*. Le sous-titre en était « L'affaire Sorge racontée par un témoin ». Le témoin en question était Robert Guillain, un grand journaliste du *Monde* d'après-guerre, spécialiste de l'Asie et surtout du Japon, qui avait commencé sa carrière comme directeur du bureau de l'agence Havas à Tokyo en 1938. Son adjoint et ami, un journaliste yougoslave, était sans qu'il le sût le second du réseau de Sorge, officiellement correspondant de la *Frankfurter Zeitung*, membre du Parti national-socialiste, ami et confident de l'ambassadeur nazi, en vérité agent secret du GRU, le service de renseignements de l'Armée rouge. Étrangement, j'ai conservé un exemplaire de ce livre. Le dépôt légal est de 1981. Le graphisme de la couverture est ridiculement démodé.

Le texte lui-même, pour intéressant qu'il soit, porte les marques de l'âge. L'auteur y qualifie les geishas de « charmantes jeunes femmes », compare leur bouche à une cerise, il croit bon, lorsqu'il emploie des mots comme *scoop* ou *background*, d'ajouter, en manière d'excuse : « comme nous disons dans notre jargon journalistique ». Le français et plus généralement les façons de langue ont changé. L'histoire que raconte *L'Espion...*, sur ce ton légèrement suranné, serait parfois difficile à croire si la rigueur modeste de l'auteur n'était pas si évidente. Car il arrivait que Sorge, par l'intermédiaire de son adjoint yougoslave, se serve à son insu du correspondant de l'agence Havas pour ébruiter des informations capitales. C'est ainsi qu'après avoir prévenu les Soviétiques, plus d'un mois auparavant, que les Allemands les attaqueraient le 22 juin 1941 à l'aube, il fit passer la nouvelle, la veille, au journaliste français. On imagine son émotion : c'était ce qu'on appelle, en « jargon journalistique », un sacré *scoop*...

Richard Sorge fut arrêté par la Kempeitai, la Gestapo japonaise, le 18 octobre 1941, avec les membres de son « réseau » – cinq personnes en tout –, condamné à mort et pendu le 7 novembre 1944 dans la prison de Sugamo. Peu nombreux sans doute sont ceux à qui son nom, aujourd'hui, évoque quelque chose, mais quant à moi il fut – révolutionnaire internationaliste, combattant de l'ombre, belle gueule, homme à femmes, buveur – un des modèles imaginaires de ma jeunesse, avec l'autre grand espion communiste de la Seconde Guerre mondiale, Léopold Trepper, chef de l'Orchestre rouge. Engagé volontaire dans l'armée allemande, il avait été grièvement blessé en 1916, était devenu communiste, puis agent secret du Komintern. Il avait servi en Allemagne, puis à Shanghai – dans *La Condition humaine*, livre qui n'a pas compté pour rien dans mon éducation politico-romanesque, à l'époque où je n'étais pas sûr que les deux termes fussent inconciliables, le personnage de Katow me faisait penser à lui. Il était né en 1895, d'un père allemand et d'une mère russe, à Adjikent, village des contreforts du Caucase fondé au dix-neuvième siècle par des paysans souabes – après les guerres napoléoniennes, fuyant la famine et attirés par les terres que les tsars octroyaient à des colons sur les territoires nouvellement conquis, des milliers de ceux-ci avaient traversé l'Europe pour venir créer, aux confins de la Perse et de la Turquie, une petite province allemande.

Le bus *Ak Çiçegim*, « Fleur blanche », me conduisit d'abord à Ganja, la grande ville de l'Est, proche des frontières de Géorgie et d'Arménie. Une aube sale se levait lorsque j'y arrivai, il pleuvait. Avec Ulfet, un jeune prof qui était mon guide dans cette expédition, nous embarquâmes dans le *marchrout* le plus déglingué de la ville. (Les *marchrout* sont des OUAZ, si je puis ainsi m'exprimer, enfin des minibus assurant les liaisons locales. Le OUAZ, même en bon état – tel celui qui m'avait mené à Merv, au Turkménistan –, ne paie pas de mine. Mais alors, délabré, il est franchement pitoyable : c'est un peu comme la Trabant.) Il ne tarda pas à tomber en panne, mais la sollicitude générale finit par le remettre en route. Des immeubles se devinaient dans la brume et la boue, on n'aurait pas aimé y être assigné à résidence. Un portrait géant du Père de la Nation en smoking paraissait déplacé au milieu de cette désolation. Puis ce fut la campagne, des arbres dans le coton. Je prenais tant bien que mal, autant que me le permettaient les cahots, des notes sur mon carnet. Ma voisine de devant, une femme aux cheveux très noirs et aux lèvres très rouges qui devait passer localement pour une beauté, se retournait de temps en temps vers moi avec un air peu amène. Mon voisin de derrière, un costaud au crâne rasé, en blouson de synthétique noir, se demandait à haute voix pourquoi je prenais des notes. Il trouvait que j'avais l'air suspect. Ulfet essayait d'expliquer que j'étais écrivain. Je ne comprenais rien de tout ça, naturellement, qui se disait en azéri. Je sentais seulement une certaine lourdeur dans l'atmosphère, comme si l'air dans le *marchrout* était devenu plus épais, presque visqueux. Et puis il y avait cette mégère qui commençait à m'énerver, à me regarder comme ça sous le nez. Je continuais à prendre des notes, c'était encore la meilleure chose à faire. Le crâne rasé derrière moi avait trouvé pourquoi je prenais des notes : je collectais des renseignements pour les Arméniens. À ces mots un vieux tout maigre et ridé sous sa toque d'astrakan se retourna pour voir la tête de l'espion. La région était peuplée de réfugiés du Haut-Karabakh voisin, qui aimaient encore moins les Arméniens que la moyenne de la population, si c'est possible. « Je vais prévenir la police », disait la mégère en descendant du OUAZ. J'étais content qu'elle débarque, celle-là. Ulfet faisait ce qu'il pouvait, avec beaucoup de sang-froid. C'était un type calme, avec une tête de gros hérisson. Je continuais à prendre des notes, inconscient des alarmes que je causais.

À Xanlar, terminus. Les vigilants nous avaient quittés depuis un moment. Xanlar s'appelait autrefois Helenendorf, et certaines rues bordées de maisons aux toits pentus couverts de tuiles évoquaient plus, en effet, l'Allemagne que l'Azerbaïdjan (encore que je ne me fasse pas une idée bien nette du paysage rural souabe). Il tombait une bruine glacée, j'étais transi dans ma tenue d'été. Une femme accueillante, au visage intelligent, sortie dans la rue, avec d'autres, pour calmer une bagarre déclenchée par un ivrogne, nous invita à prendre un thé chez elle. Tapis, coussins brodés, photos des ancêtres, pendule surmontée d'une tête de bouquetin, samovar. Zemfira Aliyeva (tout le monde dans ce pays s'appelle Aliyev) m'apprit que les Allemands et les Assyriens d'Helenendorf avaient été déportés en Sibérie pendant la « Grande Guerre patriotique », puis que ceux qui en étaient revenus avaient définitivement quitté le pays à la fin de l'URSS. Le dernier Allemand, un nommé Viktor qui était une curiosité de la petite ville, était mort deux ans auparavant. Elle-même avait visité Erfurt, quand elle était komsomole, et elle avait trouvé que ça ressemblait beaucoup à ici : mêmes arbres, mêmes maisons. Zemfira fit ouvrir pour moi, au bout de la rue, l'ancienne église luthérienne en grès rose. Ça avait été une salle de sport, on y avait joué au basket, à présent on l'avait restaurée grâce à des capitaux allemands, c'était un modeste musée.

Un taxi nous mena à Adjikent. Le chauffeur, un colosse en costume gris foncé luisant, dont la tête flanquée d'oreilles en chou-fleur touchait le plafond de la Jigouli, conduisait avec une impétuosité qui ne me plaisait pas trop. Par les vitres embuées on voyait, on devinait plutôt, à certaines densités de brume, qu'il devait y avoir des ravins, autour. Là-haut, on était dans les nuages. On entendait l'eau ruisseler de partout. Un coq chantait quelque part, et on comprenait le stéréotype selon lequel sa voix était « enrouée ». Des granges émergeaient des vapeurs, des maisons fantômes faisaient des apparitions, de part et d'autre du ruban luisant de la route. Soudain nous fûmes devant l'église, en grès rose comme celle de Xanlar / Helenendorf. Un cloaque de boue noire l'entourait, où s'enfonçait l'épave d'un camion. Des réfugiés la squattaient, leurs cabanes de tôle se pressaient sous ses murs comme des petits sous le ventre de leur mère. L'époque communiste avait

laissé, à l'entrée, deux statues de pionniers, un garçon en short, foulard autour du cou, à qui il manquait le bras gauche, une fille en jupe, foulard aussi, qui n'avait plus de bras du tout – mais on voyait encore sa main gauche posée sur le tambour qu'elle portait en bandoulière. Deux petits scouts soviétiques montant la garde, mutilés, dans le brouillard, devant une église-bidonville : la vision était si sinistrement belle que je pris aussitôt le chemin du retour, sûr que je ne pourrais rien voir de plus fort, trempé, glacé, mais étrangement heureux.

Quelques morts en passant

Certains jours, où je m'ennuie, j'imagine toutes mes morts possibles à Bakou, toutes celles auxquelles j'ai échappé (jusqu'à présent). Des morts un peu sophistiquées, si possible : ce n'est pas la peine de venir si loin pour être banalement écrasé par une Mercedes lancée à fond sur Neftchiler Prospekt – et pourtant, Dieu sait que ce serait facile. Dès le lendemain de mon arrivée, j'ai envisagé une mort à la Claude François : le petit appareil électrique muni de voyants rouges, de fabrication turque, à travers quoi l'eau de ma douche passe en crachotant, me paraît très propre à m'infliger une secousse définitive (je n'ai rien contre la technologie turque, mais on a tout de même moins confiance que dans le *made in Germany*). Mais non, je ressors indemne, matin et soir, de la *duşakabin* (mot qu'il m'amuse de traduire, selon une étymologie fantaisiste, par « cabine de l'âme »). D'ailleurs, c'est une mort qui ne me plaît pas beaucoup : c'est idiot, mais je n'ai pas envie de mourir nu. Un peu de décence en cette circonstance me semble souhaitable. La troisième solution, j'en ai déjà parlé, m'est suggérée un jour plus tard : je suis invité à faire une conférence à l'Académie du pétrole, et je suis rectifié (comme prévu) d'une balle de 9 mm Makarov. L'hypothèse que Farda Gadirov, le tireur fou, ait voulu me faire taire est envisagée par les enquêteurs, puis rapidement abandonnée.

Voici un scénario plus ingénieux : il est dix heures du soir, le vent fait voler la poussière, les sacs en plastique et les canettes de bière le long du *boulvar*, crête d'écume les flots de la Caspienne, tourbillonne dans les ruelles

d'Isheri Sheher (le nom de Bakou veut dire, paraît-il, « Ville des vents » ; froids, dévalant des steppes de la Volga, chauds, venus d'Iran ou Dieu sait d'où, ils sont fréquents, et violents). Parvenu à la hauteur de l'ex-cinéma Phénomène, je vois le panneau d'où le Père de la Nation prodigue son bienveillant sourire trembler sous la poussée des rafales. Soudain, il rompt les amarres et s'élève en tournoyant au-dessus de Neftchiler Prospekt. Coups de frein, tête-à-queue, écrabouillements de tôle accaparent une seconde mon attention, si bien que lorsque le portrait géant, après une ou deux cabrioles, fond sur moi, il est trop tard. Baiser de la mort : je meurs aplati sous les dents éblouissantes de Hayder Aliyev. Le lendemain, l'agence de presse APA signale que, parmi les quatre morts relevés sur Neftchiler, il y avait un touriste français, dont l'identité n'est pas révélée.

Le jour où le petit monsieur Total m'emmène visiter le terminal pétrolier de Sangachal, je vois très bien comment je pourrais m'y prendre pour faire une fin spectaculaire. Monsieur Total est un être minuscule qu'on ne peut voir escalader le marchepied de son monstrueux 4 × 4 blanc à vitres teintées, à pneus de tracteur et moteur de tank turbocompressé, sans ressentir une vive impression d'incongruité. D'après lui, l'énormité de sa machine est nécessaire pour se faire respecter de ses concurrents de BP, Exxon, Loukoïl, etc. Sa passion des histoires grivoises, des jeux de mots, sous-entendus et blagues salaces, rend sa conversation quelque peu fatigante. De mon dernier livre, *Un chasseur de lions*, qu'il a parcouru parce que sa femme tue l'ennui en participant à un club de lecture de dames expatriées, il n'a retenu qu'une chose – mais alors, celle-là lui a plu, extrêmement –, c'est qu'Alphonse Daudet aimait à enculer. Il ne cesse de le répéter, de s'en gargariser. L'auteur de *La Chèvre de monsieur Seguin*, un enculeur ! Ah, ça vaut le coup de lire des livres, quelquefois…

Sangachal est un camp retranché au bord de la Caspienne, au sud de Bakou. Fossés, glacis, barbelés, miradors entourent un fouillis de tuyaux et de réservoirs où arrivent le pétrole et le gaz des gisements *offshore*, d'où partent les pipe-lines qui, à travers Géorgie et Turquie, irriguent l'Europe. Nabucco, quand il sera construit, sera branché sur Sangachal. La psychose de l'attentat règne. Les allées sont patrouillées par des véhicules de sécurité. Si je me mets à courir vers l'un d'eux en sortant de sous ma veste un revolver imaginaire, je suis un homme mort. Ce serait drôle, évidemment. Ironique. On me trouverait des accointances avec al-Qaida. Mais dans ce scénario, je provoque volontairement la tragique méprise. Or, cela est exclu par la règle du jeu. Je dois me contenter de laisser venir. À rejeter, donc.

La mort la plus plausible, la plus littéraire aussi, aurait été que les vigilants, dans le *marchrout* de Xanlar, aillent jusqu'au bout de leur patriotique démarche. On me fait descendre, on me fouille, au bord de la route. À travers la brume, j'aperçois la silhouette grise d'un cheval attaché à un arbre, et je sais que le chiffre sept est marqué au fer sur sa croupe. On feuillette sans comprendre mon carnet de notes. On ne comprend rien, mais on y trouve le nom de Farda Gadirov. On visionne les photos stockées dans la mémoire de mon appareil, on y découvre des puits de pétrole, la tour de la télé et la gare de Bakou, le cimetière des Martyrs. Le costaud au crâne rasé, en blouson synthétique noir, qui me tient en joue depuis qu'on m'a fait descendre du *marchrout*, toute cette histoire commence à l'énerver sérieusement. Il a bu beaucoup de vodka à Ganja pour fêter la victoire, deux buts à zéro, du FK Qarabağ Ağdam sur l'Inter Baku, il n'est pas d'humeur à plaisanter. Il m'enfonce le 9 mm Makarov dans les côtes. « Nous avons trouvé sur lé téléphone que tu es un criminel », me dit-il. Des phares paraissent dans la brume, c'est un autre *marchrout*, qui vient de Xanlar. Il s'arrête, des types en descendent, l'un, son frère a été tué par les Arméniens au Karabakh, l'autre a dû fuir en abandonnant tout, son village a été rasé. Blousons molletonnés, barbe de plusieurs jours, ils fument. Ils s'enquièrent de ce qui se passe, la harpie aux cheveux noirs et à la bouche écarlate les excite, ce sont des hommes ou quoi ? C'est une femme qui aime le sang, il y en a. La bruine transperce mes vêtements légers, je grelotte, ou bien peut-être est-ce la peur ? Le ton monte dans le groupe qui m'entoure, le crâne rasé arme le Makarov. « Nous fousillons les escopions en Azerbaïdjan », dit-il. Je ne comprends rien de ce qu'ils vocifèrent tous (ils ont enfermé Ulfet, mon traducteur à tête de hérisson, dans le premier *marchrout*), je ne comprends pas mais je suis sûr que c'est ce qu'il dit, et aussi : « Je te fendre du haut en bas, espèce de *cabrón*. » Je pense à Alice et Chloé. Quelle heure est-il à Rio ? Le jour n'est pas encore levé, là-bas. Il tire et la foudre descend en flamboyante vrille du ciel. Ensuite, on me jette dans le ravin, mon corps roule et disparaît dans la brume en contrebas de la route.

Il y a une variante à cette histoire. Une autre voiture surgit du coton, puis un camion, et c'est bientôt une petite foule que la harpie excite contre moi. Elle jette ses ongles carminés vers mes yeux, je lui saisis le bras, elle hurle, vont-ils tous laisser un espion arménien la violenter ? Un *kebabtchi*, un vendeur de kebabs, m'allonge un coup de cric dans les lunettes et un des verres me rentre dans l'œil. Ensuite, on me met en pièces comme le *vazir-moukhtar*. C'est possible, évidemment. Plausible. Mais, si je peux choisir, je préfère la première version. La balle de revolver au lynchage. Et puis, je me sens mieux avec ce vieux Consul qu'en compagnie de Griboïedov. Voici une autre mort littéraire : contemplant les tableaux de Tahir Salakhov accrochés dans sa maison d'Isheri Sheher, je tombe en arrêt devant une *Vue de Bakou*. Il y a là, sous des cheminées d'usine noires, un long pan de mur rouge au bord de l'eau devant lequel marchent de petits personnages bleus, des ouvriers sans doute, dont la matière précieuse me semble soudain creusée, sous l'apparence lisse de la peinture, d'abîmes vertigineux. « C'est ainsi que j'aurais dû écrire », me dis-je. Je comprends que mon art, jusque-là, a été sec et sans profondeur, que j'ai eu tort de mépriser ce qu'en ont dit certains critiques. Pris d'un malaise, je m'abats sur un canapé, d'où une nouvelle attaque me fait rouler au sol.

Huitième ou neuvième scénario – dépêchons-nous, ce n'est pas si plaisant de mourir à répétition, même si on est là pour ça : je m'enfonce dans l'obscurité puante, sous la statue disparue de Kirov. Je contemple sans sympathie, avec un peu de compassion cependant, le Lénine aux yeux crevés, je salue les soldats et marins rouges qui, figés dans le bronze, s'entêtent à promettre du pain et des roses au milieu du dépotoir. « Les ouvriers ont du pain », disent-ils comme le chef des vingt-six commissaires par la voix d'Essénine, « Et sur tous les bateaux / Sur les trains / Notre rouge / Étoile ». *Krasnaïa nacha / Zviézda*. Par les ouvertures qui n'ont pas été murées la lumière bleue de la baie plonge des lames éblouissantes dans l'ombre. Des paroles de vieilles chansons me reviennent en mémoire. « De l'Oural à l'Ukraine / Les sillons se souviennent / Des corps francs ouvriers-paysans. » « Que Boudienny nous mène / Par les routes anciennes / Protéger les Soviets en danger. » Je suis en train de songer à la fin sinistre de cette grande épopée, à la cavalerie rouge d'Isaac Babel, à l'avenir radieux jeté aux ordures, lorsque m'entourent des gueux que j'ai réveillés de leur sommeil éthylique. À leurs poings brillent des couteaux et des tessons de bouteille. Eux ne se forment aucune idée de l'avenir, leur imagination du futur est à très court terme et c'est de me faire la peau, puis les poches. Je finis égorgé sous les vieilles gloires bolcheviques.

Et maintenant, passons à autre chose.

Derniers jours

D'une façon ou d'une autre, je vis mes derniers jours à Bakou. L'ambiguïté de la formule m'amuse. Bientôt, je vais y vivre mes dernières heures. Du haut de ma terrasse de la rue Mirza Mansûr, je contemplerai une fois encore la ville. Inévitablement me viendront à l'esprit les vers de Cavafis : « Comme un homme courageux qui serait prêt depuis longtemps, salue Alexandrie qui s'en va. » J'ai usé et abusé de ce poème (*Les dieux abandonnent Antoine*), penserai-je, il n'est sans doute pas un seul de mes livres où je ne l'ai cité. J'en ai vu le manuscrit affiché sous verre dans le restaurant l'Élite, rue Safiya Zaglul. Madame Christina, la taulière, se souvenait d'avoir vu, enfant, passer le vieil homme aux yeux de chouette, enveloppé dans une grande cape noire, le cou ceint d'un foulard rouge. À présent, ce ne sont plus ses fioritures hellénistiques et byzantines qui me touchent dans Cavafis, mais les très simples petits textes de *Jours anciens* où il dit le dénuement de l'amour enfui : « Reviens souvent et prends-moi, / Sensation bien-aimée, reviens et prends-moi, / Quand se réveille la mémoire du corps, / Et qu'un ancien désir renaît dans le sang ; / Quand les lèvres et la peau se souviennent, / Et que les mains croient toucher de nouveau. » Autant sa mélancolie historique est un peu pompeuse et ornée, autant les regrets de la chair sont dits dans une langue triviale et pure en même temps, juste à la hauteur d'émotion qui convient, parfaite.

Je contemplerai une dernière fois Bakou depuis ma terrasse, rose sous une vapeur d'un mauve léger, creusée par la baie que le soir peindra de bleu cru, un bleu de Méditerranée cézannienne. Le soleil bas tranchera des ombres verticales sur l'île de Nargin. Les hirondelles commenceront leur ballet. J'écouterai monter les bruits urbains : tintamarre étouffé de klaxons, d'où émergera le beuglement de crapaud-buffle de certains avertisseurs très prisés des nouveaux riches, haut-parleurs des voitures de police, bourdonnement des ponceuses qui jour et nuit décapent les façades, faisant jaillir des nuages de poussière de pierre, afin de lifter le visage de la ville, de lui faire une gueule de parvenue d'où auront été gommées les rides de l'Histoire (et dans le même esprit on remplace les vieilles vitres par des verres miroirs, tellement plus modernes). Des voix d'enfants éclateront en contrebas, dans les maisons aux toits goudronnés sur lesquels les chats seront en balade. Curieusement, penserai-je, Bakou, où j'ai été tellement un étranger, où j'ai passé un mois à ne pas faire grand-chose (mais peut-être est-ce justement cette inoccupation qui m'a permis d'être attentif ?), est à présent une des villes du monde que je connais le mieux.

Puis je demanderai à Cingiz Khan de me mener à Bibi Heibat, à la sortie sud de la ville. Là, un escalier très raide grimpe, à travers les tombes d'un cimetière marin, vers le mausolée où venait prier la fille, ou la sœur, je ne comprends pas très bien, du septième imam. Des aiguilles de pierre brute, entaillées de caractères arabes bouclés comme les flots des céramiques minoennes, certaines renversées, y voisinent, parmi les herbes sèches que froisse le vent, avec des stèles modernes où le mort est figuré en pied, gravé dans le marbre noir (et je me souviendrai d'un autre cimetière

au bout d'une piste très défoncée dans le désert, au-delà de Sangachal : les défunts debout, de face, répartis sur deux ou trois rangs, en costume sombre, mains le long du corps, avaient l'apparence d'un gang s'apprêtant au combat de rue – un gang de morts). Depuis le mausolée enfermant la grotte où allait prier la sainte femme, je découvrirai en contrebas les trois coupoles et les deux minarets de la mosquée de Bibi Heibat, et en dessous encore, autour du port des compagnies pétrolières, un bas quartier de baraques à toits de tôle où Koba avait sa masure. Une palette de couleurs violentes se déploiera devant la mer, bleu et blanc des hangars de la Caspian Shipyard Company, rouge minium des coques des remorqueurs, barges et bateaux de service, noir des docks flottants, jaune et bleu des pattes et des flèches des grues. À gauche, au-delà de friches où oscillent les têtes d'insectes mécaniques des pompes à pétrole, Bakou sur quoi pleuvra l'ombre violette de ma dernière nuit.

Cingiz Khan me ramènera en ville, sa vieille Volga claquant des pignons dans les embouteillages. Il me déposera sur le *boulvar*, à la hauteur du palais de la SOCAR (State Oil Company of Azerbaijan Republic), qui fut, à la fin du dix-neuvième siècle, la demeure d'un chanteur fameux. (Mir-Babayev était un *khanende*, un chanteur de *mougham*, à la voix de rossignol. Pour le récompenser de la façon exceptionnelle dont il avait chanté durant une noce, un baron du pétrole lui offrit une concession. En peu de temps, il devint lui-même un richissime pétrolier. Le curieux est qu'à partir de ce moment, il chercha, semble-t-il, à faire disparaître les traces de sa première vie, achetant tous ses enregistrements pour les détruire. Après la Révolution, l'histoire dit qu'il émigra en France où il finit dans la misère sa vie chatoyante.) Cingiz Khan sera, ce jour-là, extrêmement chic, très *sportsman*, en col roulé noir sous une veste beige à fines rayures écossaises. Il tiendra, malgré les objurgations par haut-parleur d'une voiture de police, à descendre de sa voiture garée en double file pour me serrer la main, puis me donner l'accolade. Une vraie affection nous liait. Me viendront en mémoire les paroles du *Général à vendre* de Francis Blanche : « Puis sans émotion inutile / Sans pleurrer sans se dirre un mot / On s'est quittés en vrrais hérros » (roulements de *r* obligatoires).

Vol 0073 pour Paris

À quatre heures et demie du matin, le jovial Ismaiyl au crâne rasé, tout endormi, m'apporte mon dernier thé. Il manque le sucre (*sakhar*) mais ce n'est pas grave, je n'ai pas d'habitude bien arrêtée concernant le thé. Deux énormes astres jaunes, des planètes sûrement, sont visibles dans le ciel : est-ce un signe, comment dois-je l'interpréter ? Du minaret de la petite mosquée proche du palais des Shirvanshahs tombe le premier appel à la prière. La mélodieuse et plaintive psalmodie me fait me souvenir qu'Olivier Rolin, le narrateur de *Suite à l'hôtel Crystal*, juste avant de se tirer une balle de 9 mm Makarov, se remémore des amours fastueuses, ici même, avec une ex-reine de beauté turque : « Je me souviendrai du soir lointain où, dans les rues escarpées de la vieille ville, j'aurai suivi et abordé une forme serpentine qui était Pashmina Pachelbel, la reine des Turcs (aussi incroyable que cela me paraisse à moi-même, à présent, nous aurons fait sept fois l'amour, cette nuit-là, avant que le muezzin n'appelle à la prière du matin). » Je me rappelle aussi que juste avant, il se regarde dans le miroir de la chambre 1123 de l'hôtel Apchéron et constate qu'il a une gueule de vieux pélican. « Chute de tous les traits, piriformisation inéluctable. Travail de la gravité (aidée par beaucoup d'alcool). » Je me regarde dans le miroir de la chambre 401 de l'hôtel Horizon : oui, c'est à peu près ça. J'ai bu pas mal de vodka hier soir en mangeant du caviar chez Luc, le très sympathique et lunatique attaché culturel, personnage entre monsieur Hulot et le prince Mychkine (avec un peu de Gaston Lagaffe, aussi).

L'aéroport Hayder Aliyev ressemble à une grosse pagode posée sur la steppe à pétrole. Six heures cinq, le jour se lève sur les carlingues mouillées de rosée. Pas grand monde qui attende le vol 0073 pour Paris. Drummond de Andrade, encore, *Morte no avião* : « La mort a disposé des fauteuils pour le confort / De l'attente. Ici sont réunis / Ceux qui vont mourir et ne le savent pas. » Eux ne savent pas, mais moi si. Six heures trente, le soleil levant allume des raies d'or sur la dérive bleue de deux Iliouchine. Six heures cinquante, ça y est, on embarque. 8-CI QAPI, *GATE 8*. J'occupe la place 14F – toute la travée, en fait, l'avion étant presque vide. Ça pourrait être un agréable voyage. « *XILASEDICI JILET OTURACAĞINIZIN ALTINDADIR, LIFE VEST UNDER YOUR SEAT* » (que je m'amuse à transformer mentalement en *life rests under your feet*, « la vie repose sous tes pieds » – ça n'a pas beaucoup de sens, mais un peu quand même, en cherchant bien). Sept heures huit. Ronronnement des vérins, l'avion immobile sort ses volets. Deuxième cran. Consignes de sécurité. « *OTURARKƏN*

KƏMƏRLƏRI BAĞLAYIN, FASTEN SEAT BELT WHILE SEATED. » « Nous atteindrons Paris, notre destination, après cinq heures dix de vol. » Cause toujours... Les passagers assis autour de moi, tapotant sur leur ordinateur, lisant le journal, ne savent pas que je suis peut-être aussi dangereux qu'une valise de pentrite dans la soute. Pauvres cloches... Je les regarde avec une condescendance apitoyée. Roulage. Le soleil bas projette l'ombre de l'avion, très noire sur l'herbe brûlée.

Sept heures quatorze. Alignement dans l'axe de la piste. C'est maintenant ou jamais. *Hic Rhodus, hic salta*. Les quelque soixante tonnes de l'A319 s'élancent. Vingt-six mille livres de poussée sous chaque aile, les deux réacteurs turbinent à fond. Vingt-sept secondes plus tard, l'avion atteint cent vingt nœuds et lève le nez. Ça grimpe bien, apparemment. Vario positif, deux mille quatre cents pieds/minute, on remballe le train, puis, à deux cent trente nœuds, on escamote les volets, l'avion est « lisse », comme disent les pilotes. Sept heures seize, on survole l'île zoroastrienne de Pirallahi, une frange de brisants le long du rivage, Shuvalan Beach et son Texas Café, ça secoue un peu, trois cents nœuds, la Caspienne couleur d'iris, jaune près de la côte et mauve au large, les passerelles arachnéennes entre les puits, virage à gauche, on retrouve la terre, rose, scarifiée. Sept heures vingt-trois, le moniteur au-dessus de moi indique une vitesse de cinq cent quatre-vingt-quatorze kilomètres/heure, une altitude de six mille quatre cents mètres, une température extérieure de moins vingt degrés. Ça a l'air bien parti. À sept heures trente-cinq, alors qu'on vole à sept cent onze kilomètres/heure, à dix mille trois cent soixante mètres d'altitude, par une température de moins quarante, paraissent sous l'aile les neiges du Grand Caucase. À partir de maintenant, même si l'avion se désintégrait, ce n'est pas à Bakou que je serais mort. Autant dire que ça ne vaudrait plus le coup.

Deux amis

Voilà. C'est terminé. J'ai fait ce que j'ai pu, mais demain n'était pas écrit. Ou pas en tout cas comme je l'avais lu (je soupçonne une ruse quelque part). Je suis revenu vivant de l'Apchéron. Est-ce à dire que je suis éternel ? Je ne crois pas. J'espère bien que non.

J'aurais aimé appeler ce récit *Coups bas à Bakou*, mais même en cherchant bien je n'ai pu trouver de justification à ce titre enviable[1]. Le mot « mort » y paraît quatre-vingt-trois fois (dont une « mer Morte » et une « nature morte » qui en toute rigueur ne comptent pas). Par ordre d'entrée en scène, et sauf erreur ou omission, du général-comte Tsitsianov à l'espion communiste Richard Sorge, cinquante-six personnes y passent de

1. Une amie m'a suggéré *Back to Bakou*, ce qui n'est pas mal non plus.

vie à trépas (j'y meurs moi-même une petite dizaine de fois, mais comme il s'agit de morts imaginaires, je ne les ai pas comptabilisées). Rien de sinistre là-dedans. Montaigne : « La préméditation de la mort est préméditation de la liberté. »

À mon retour à Paris, parmi la masse du courrier qui s'était accumulé pendant un mois d'absence, je trouvai, sous enveloppe à mon nom, un prospectus de ma banque m'invitant à penser à mes obsèques. Des oiseaux volant au-dessus de la mer rougie par le soleil couchant (ou levant, aussi bien – mais une symbolique élémentaire inclinait à y voir celui-là plutôt que celui-ci), ainsi qu'un vieil homme svelte serrant dans ses deux mains, l'air extraordinairement réjoui, une tasse qu'on pouvait supposer être de thé, illustraient le mot d'ordre « Prévoir… et vivre sereinement ». Je trouvai également un grand tirage d'une photo de moi prise par l'artiste belge Alexandra Cool, qui m'avait fait poser longuement, quelques mois auparavant, devant un sténopé. Le résultat est l'apparition, entre la nuit dans laquelle est plongée toute la partie gauche de la photo et la lumière que diffusent à droite de hautes fenêtres éblouies, d'une forme humaine nébuleuse, blanchâtre, floconneuse, dans laquelle je crois reconnaître quelque chose de moi. Portrait de mon fantôme, feuilletant un livre. L'étrange (le caractère véritablement spectral) vient surtout du fait que chaque trait – la courbe du front, l'arête du nez, l'arc d'un sourcil –, à peine entr'aperçu, sorti de l'indistinction, s'efface pour retourner au flou translucide hors de quoi il faut de nouveau, et au prix d'un effort d'attention, le *révéler*.

Ce voyage vers une mort que je m'étais moi-même assignée, par jeu (et jeu de mots), ce séjour dans l'Achéron, j'espère en avoir fait la chronique sans trop de lourdeur. Mais depuis mon retour à Paris, à deux reprises, la mort m'a rappelé (j'avais seulement feint de l'oublier) qu'elle était la Kère d'Homère, la Noire, avec qui on ne plaisante pas. Deux amis qu'on ne reverra plus, qui étaient, chacun de son côté, à leurs places, différents, ne se connaissant pas, des combattants, et ce mot est si galvaudé que je préfère dire : des guerriers, contre la maladie, et contre cette autre maladie qu'est la vie sans lettres, l'*illittérature*.

Annie François était sans doute la plus grande lectrice – autant dire le plus grand lecteur – que j'aie jamais rencontrée. Presque autant de livres lus, chaque semaine, que de paquets de Gauloises – et ça n'était pas peu dire. Personnalité d'exception, colérique, raffinée, violente et délicate, aristocratique à la façon des grands seigneurs du temps de Saint-Simon. J'avais récolté pour elle – c'était le genre de petites attentions qu'elle aimait, qu'elle prodiguait elle-même avec une élégance souveraine – des coquillages de la Caspienne, sur le rivage d'une péninsule nommée Shah Dilli, la

Langue du shah. Elle est morte le jour où je les lui ai envoyés.

Gérard Bobillier, « Bob », fondateur des éditions Verdier, c'est-à-dire d'une entreprise radicalement, essentiellement étrangère à ce courant de la vulgarité et du lucre qui toujours un peu plus emporte même les choses de l'écrit. Paysan et philosophe, rocailleux, lumineux, généreux, absolument intolérant à la sottise, féroce, d'une ironie qui n'était pas comme souvent la bonne manière de la futilité mais le rire d'une intelligence profonde. Homme de l'esprit mais homme de la matière aussi, aimant la chair et le vin et tout ce qui est beau ; mais de ces natures fortes dont on se dit qu'elles pourraient être ascétiques aussi bien qu'épicuriennes.

J'écris ces mots non pour lester de pathos, à la fin, un récit qui ne s'en soucie pas, mais parce qu'il est juste que ceux qui ont honoré les livres soient honorés par les livres. Que celui-ci, qui s'achève, leur soit un très modeste et très amical monument.

Table

Crédits photographiques

Photo p. 24 : © DR

Photo p. 39 haut : © DR. Bakou (Azerbaïdjan). Puits de pétrole avant 1914.

Photo p. 39 bas : © DR. Puits de pétrole à Bakou (Azerbaïdjan).

Photo p. 40 : © Ullstein Bild. Photo de Staline jeune, 1915.

Photo p. 42 : © Roger-Viollet. Bakou (Azerbaïdjan). Une rue, 1905.

Photo p. 49 : © DR. Essénine sur son lit de mort.

Photo p. 87 : © Roger-Viollet. Émeutes à Bakou (Azerbaïdjan). Affrontements entre les Arméniens et les Tatars. Incendie des installations du pétrole à Sabountchi près de Bakou. Septembre 1905.

Photo p. 88 : © Roger-Viollet. Incendie des puits de pétrole à Bakou, le 14 septembre 1905.

Photo p. 89 haut : © Zentrum Moderner Orient (ZMO), Berlin. Essad bey.

Photo p. 89 bas : © DR. Lev Nussimbaum dit Essad bey.

Photo p. 135 : © AKG-images. Isaak Israilovitch Brodsky (1883-1939) : *Exécution des 26 commissaires de Bakou*, 1925. Tretjakov Gallery.

Photo p. 137 : © David King Collection. Gravure du « Monument aux 26 commissaires de Bakou » imaginé par Georges Yakoulov.

Photo p. 175 : © Alexandra Cool

DU MÊME AUTEUR

Phénomène futur
Seuil, 1983
et « Points », n° P581

Bar des flots noirs
Seuil, 1987
et « Points », n° P697

En Russie
Quai Voltaire, 1987
et « Points », n° P327

L'Invention du monde
Seuil, 1993
et « Points », n° P12

Port-Soudan
prix Femina
Seuil, 1994
et « Points », n° P200

Mon galurin gris
Seuil, 1997

Méroé
Seuil, 1998
et « Points », n° P696

Paysages originels
Seuil, 1999
et « Points », n° P1023

La Langue
Verdier, 2000

Tigre en papier
prix France Culture 2003
Seuil, 2002
et « Points », n° P1113

Suite à l'hôtel Crystal
Seuil, « La Librairie du XXIe siècle », 2004
et « Points », n° P1430

Un chasseur de lions
Seuil, 2008
et « Points », n° 2233

En collaboration

La Havane
Quai Voltaire, 1989

Voyage à l'Est
Balland, 1990

Semaines de Suzanne
Éditions de Minuit, 1991

Une invitation au voyage
Bibliothèque nationale de France, 2006

Rooms
Olivier Rolin & Cie
Seuil, 2006

Le Seuil s'engage pour la protection de l'environnement

Ce livre a été imprimé chez un imprimeur labellisé Imprim'Vert, marque créée en partenariat avec l'Agence de l'Eau, l'ADEME (Agence de l'Environnement et de la Maîtrise de l'Énergie) et l'UNIC (Union Nationale de l'Imprimerie et de la Communication).
La marque Imprim'Vert apporte trois garanties essentielles :

- la suppression totale de l'utilisation de produits toxiques ;
- la sécurisation des stockages de produits et de déchets dangereux ;
- la collecte et le traitement des produits dangereux.

RÉALISATION : PAO ÉDITIONS DU SEUIL
IMPRESSION : NORMANDIE ROTO IMPRESSION S.A.S. À LONRAI
DÉPÔT LÉGAL : FÉVRIER 2010. N° 100017 (100298)
IMPRIMÉ EN FRANCE

Dans la même collection

Natacha Michel, *Circulaire à toute ma vie humaine*
Jean-Luc Benoziglio, *Louis Capet, suite et fin*
Éric Rondepierre, *La Nuit cinéma*
Hervé Chayette, *76, avenue Marceau*
Pierre Guyotat, *Ashby* suivi de *Sur un cheval*
Lydie Salvayre, *La Méthode Mila*
Robert Coover, *Les Aventures de Lucky Pierre*
Maryline Desbiolles, *Primo*
Jean Hatzfeld, *La Ligne de flottaison*
Thomas Compère-Morel, *La Gare centrale*
Alain Robbe-Grillet, *Préface à une vie d'écrivain* (avec CD-MP3)
Patrick Roegiers, *Le Cousin de Fragonard*
Emmanuelle Pireyre, *Comment faire disparaître la terre ?*
Robert Coover, *Le Bûcher de Times Square* (rééd.)
Antoine Volodine, *Nos animaux préférés*
Fabrice Gabriel, *Fuir les forêts*
Patrick Deville, *La Tentation des armes à feu*
Anne Weber, *Cendres & métaux*
Anne Weber, *Chers oiseaux*
François Maspero, *Le Vol de la mésange*
François Maspero, *L'Ombre d'une photographe, Gerda Taro*
Patrick Kéchichian, *Des princes et des principautés*
Éric Marty, *Roland Barthes, le métier d'écrire*
Patrick Froehlich, *Le Toison*
Chantal Thomas, *Thomas Bernhard, le briseur de silence* (édition augmentée)

Gérard Genette, *Bardadrac*
Raymond Jean, *Cézanne, la vie, l'espace* (rééd.)
Alain Fleischer, *L'Amant en culottes courtes*
Pavel Hak, *Trans*
Julien Péluchon, *Formications*
Patrice Pluyette, *Blanche*
Norman Manea, *Le Retour du Hooligan*
Jean-Pierre Martin, *Le Livre des hontes*
Xabi Molia, *Reprise des hostilités*
Maryline Desbiolles, *C'est pourtant pas la guerre*
Maryline Desbiolles, *Les Corbeaux*
Emmanuel Loi, *Une dette (Deleuze, Duras, Debord)*
Éric Pessan, *Cela n'arrivera jamais*
Emmanuel Rabu, *Tryphon Tournesol et Isidore Isou*
Fabrice Pataut, *En haut des marches*
Sophie Maurer, *Asthmes*
Centre Roland-Barthes, *Le Corps, le sens*
Jacques Lacarrière, *Le Pays sous l'écorce* (rééd.)
Jacques Henric, *Politique*
Alain Tanner, *Ciné-mélanges*
Thomas Pynchon, *L'Arc-en-ciel de la gravité* (rééd.)
Antoine Volodine, *Songes de Mevlido*
Lydie Salvayre, *Portrait de l'écrivain en animal domestique*
Charly Delwart, *Circuit*
Alain Fleischer, *Quelques obscurcissements*
Jean Hatzfeld, *La Stratégie des antilopes*
Denis Roche, *La photographie est interminable*
Norman Manea, *L'Heure exacte*
Jean-Marie Gleize, *Film à venir*

Christian Boltanski et Catherine Grenier, *La Vie possible de Christian Boltanski*
Michel Braudeau, *Café*
Jacques Roubaud, *Impératif catégorique*
Jacques Roubaud, *Parc sauvage*
Charles Robinson, *Génie du proxénétisme*
Christine Jordis, *Un lien étroit*
Emmanuelle Heidsieck, *Il risque de pleuvoir*
Avril Ventura, *Ce qui manque*
Emmanuel Adely, *Genèse (Chronologie)*
et *Genèse (Plateaux)*
Jean-Christophe Bailly, *L'Instant et son ombre*
Maryline Desbiolles, *Les Draps du peintre*
Catherine Grenier, *La Revanche des émotions. Essai sur l'art contemporain*
Robert Coover, *Noir*
Patrice Pluyette, *La Traversée du Mozambique par temps calme*
Olivier Rolin, *Un chasseur de lions*
Christine Angot, *Le Marché des amants*
Thomas Pynchon, *Contre-jour*
Lou Reed, *Traverser le feu. Intégrale des chansons*
Centre Roland-Barthes, *Vivre le sens*
Chloé Delaume, *Dans ma maison sous terre*
Patrick Deville, *Equatoria*
Roland Barthes, *Journal de deuil*
Alain Veinstein, *Le Développement des lignes*
Alain Ferry, *Mémoire d'un fou d'Emma*
Allen S. Weiss, *Le Livre bouffon. Baudelaire à l'Académie*
Gérard Genette, *Codicille*

Pavel Hak, *Warax*
Jocelyn Bonnerave, *Nouveaux Indiens*
Paul Beatty, *Slumberland*
Lydie Salvayre, *BW*
Norman Manea, *L'Enveloppe noire*
Norman Manea, *Les Clowns*
Antoine Volodine et Olivier Aubert, *Macau*
Jacques Roubaud, *'le grand incendie de londres'* (nouvelle édition du grand projet)
Alix Cléo Roubaud, *Journal (1979-1983)* (édition augmentée)
Herbert Huncke, *Coupable de tout et autres textes*
Lou Reed, Lorenzo Mattotti, *The Raven/Le Corbeau*
Maryline Desbiolles, *La Scène*
Patrick Roegiers, *La Nuit du monde*
Christian Boltanski et Catherine Grenier, *La Vie possible de Christian Boltanski* (édition augmentée)
Charly Delwart, *L'Homme de profil même de face*